LEKTÜRESCHLÜSSEL
FÜR SCHÜLERINNEN UND SCHÜLER

# Lyrik der Romantik

Von Markus Köcher und Anna Riman



Reclam

Die in diesem Lektüreschlüssel abgedruckten Gedichttexte sind folgenden Ausgaben in Reclams Universal-Bibliothek entnommen: 3.1 aus UB 15023, 3.2 aus UB 7925, 3.3 aus UB 8669, 3.4 aus UB 8230, 3.5 aus UB 9722, 3.6 und 3.7 aus UB 18108, 3.8 aus UB 7991, 3.9 und 3.10 aus UB 18394 (Heine) bzw. aus UB 7925 (Eichendorff).



RECLAMS UNIVERSAL-BIBLIOTHEK Nr. 15416
2009 Philipp Reclam jun. Verlag GmbH,
Siemensstraße 32, 71254 Ditzingen
Druck und Bindung: Esser printSolutions GmbH,
Untere Sonnenstraße 5, 84030 Ergolding
Printed in Germany 2024
RECLAM, UNIVERSAL-BIBLIOTHEK und
RECLAMS UNIVERSAL-BIBLIOTHEK sind eingetragene
Marken der Philipp Reclam jun. GmbH & Co., Stuttgart
ISBN 978-3-15-015416-8

www.reclam.de

# Inhalt

# 1. Zum Einstieg

Die Romantik ist viel aktueller, als man denkt! Denn einige zentrale Gedanken der Romantik sind in unserer heutigen Zeit allgegenwärtig. Welche sind es?

Wenn beispielsweise für ein Bio-Produkt damit geworben wird, dass in ihm »seit Generationen überliefertes Wissen und die Mystik des Kulturkreises stecken« und der Hersteller daran glaube, dass »in der Natur die besten Rezepte für ein schönes und langes Leben liegen«, dann wären die Romantiker des ausgehenden 18. Jahrhunderts begeistert gewesen. Der Versuch, als moderner Mensch in völligem Einklang mit der Natur zu leben und glücklich zu werden, geht zwar nicht auf die Romantik zurück, er enthält aber wichtige romantische Motive.

*Der Mensch im Einklang mit der Natur*

Auch die ganzheitliche Medizin und die ganzheitliche Erziehung sind keine Erfindungen der Romantik, aber sie wurden von den Romantikern propagiert und eingefordert. Der Mensch wurde nicht nur als Vernunftwesen, sondern auch als Gefühlswesen wahrgenommen, seine dunklen, verborgenen, mystischen Bedürfnisse erhielten einen besonderen Stellenwert. Die rationalen und die irrationalen Antriebe sollten sich durchdringen und den Menschen auf einer höheren Stufe zu sich selbst führen.

*Der Mensch als Vernunft- und Gefühlswesen*

Wie die Globalisierungskritiker hätten vermutlich auch die Romantiker gegen die durchrationalisierte, grenzenlose Wirtschaftsordnung protestiert, in welcher der Mensch zu einer bloßen Rechengröße herabgestuft und lediglich an ökonomischen Anforderungen gemessen wird. In der aus-

*Skepsis gegenüber dem technischen Fortschritt*

geprägten Skepsis gegenüber dem technischen Fortschritt finden sich ebenfalls romantische Motive.

*Flucht in eine ideale Welt*

Wenn in der Romantik eine Tendenz zur Weltflucht bestand, so kann das heute ebenfalls beobachtet werden. Oder ist der Konsum der vielen Fernsehserien nicht wie zur Zeit der Romantik eine Flucht in eine selbstgeschaffene ideale heile Welt?

*Einheit mit dem Weltgeist*

Die Reihe der Beispiele ließe sich noch um einiges verlängern. Auch wenn heute – zumindest in der westlichen Welt – kaum mehr jemand darauf hofft, sich mit der unendlichen Natur im universalen Weltgeist zu vereinen, kann an den elf besprochenen Gedichten deutlich werden, dass uns romantische Gedanken nicht gänzlich fern liegen.

## Hinweise zum methodischen Vorgehen

Dieser Lektüreschlüssel verfolgt zwei Ziele: Erstens will er wesentliche Hinweise zum Verständnis romantischer Lyrik geben und zweitens wichtige methodische Schritte auf dem Weg zu einem Interpretationsaufsatz vormachen.

*Verknüpfung von Texterschließungsverfahren und Interpretation*

Daher werden nicht alle Gedichte vollständig »durchinterpretiert«, sondern die Deutung wird stets mit Verfahren zur Texterschließung und -analyse verknüpft. Aus Platzgründen werden nicht bei jedem Gedicht jeweils alle methodischen Schritte vorgeführt, die zu einem gelungenen Interpretationsaufsatz führen, vielmehr liegt von Gedicht zu Gedicht der Schwerpunkt auf jenen Methoden und Verfahrensschritten, die sich am betreffenden Gedicht besonders gut verdeutlichen lassen.

*Spektrum verschiedener Interpretationsmethoden*

Wenn man den gesamten Lektüreschlüssel durcharbeitet, kann man sich auf diese Weise ein großes Spektrum verschiedener Interpretationsmethoden erschließen – von den ersten Notizen bei der Lektüre bis hin zum fertigen Interpretationsaufsatz.

Die einzelnen Teile eines Interpretationsaufsatzes werden in folgenden Kapiteln besonders berücksichtigt:

Einleitung: 3.4
Hauptteil: 3.3, 3.6
Schlussteil: 3.1, 3.5, 3.6

Einen vollständigen Interpretationsaufsatz bietet Kapitel 3.7, ein Gedichtvergleich findet sich in Kapitel 3.10.

## 2. Motive romantischer Lyrik

*Motive als literaturästhetische Hinweise*

Eine literarische Epoche ist meist geprägt von bestimmten Bildern und Motiven, die den Geist der Strömung verschlüsselt widerspiegeln. Solche Motive geben Hinweise auf den literaturästhetischen Hintergrund einer Epoche, wobei die verschiedenen Gattungen jeweils unterschiedliche Motive bevorzugen können. Deshalb werden in diesem Kapitel nicht alle Motive der literarischen Romantik aufgezeigt, sondern nur die für die romantische Lyrik bedeutenden Motive.

*All-Einheit von Mensch und Kosmos*

**Harmonie und All-Einheit.** Das zentrale Motiv der Romantik, aus dem alle anderen Motive entstehen, ist das Ideal der Harmonie. Nach der Vorstellung der Romantiker kann diese nur in der All-Einheit von Mensch und Kosmos verwirklicht werden, in welcher Mensch und Kosmos verschmelzen. Für den Einzelnen kann diese All-Einheit einerseits in der nach außen gerichteten Suche nach Unendlichkeit und Natur erfahrbar werden, andererseits durch Versenkung ins eigene Innere, nämlich in Form von Träumen, Phantasien und Sehnsuchtsgedanken.

*Leben in der Natur als ideale Lebensform*

**Sehnsucht nach der Natur.** Aus dem Streben nach Harmonie erwächst die Sehnsucht nach Natur. Sie birgt in sich sowohl ein Suchen im Sinne von Erforschen und Verstehen der Natur als auch die Suche nach Ursprünglichkeit und Natürlichkeit. Das Leben in und mit der Natur wird als die ideale harmonische Lebensform angesehen, da in der Natur der kraftspendende und ideengebende göttliche Geist fühlbar wird. In der romantischen Lyrik haben sich verschiedene Motive als Sinnbild für das sehnsüchtige Streben nach Natur etabliert.

**Landschaft.** Das Motiv der Natur kommt häufig im Bild der Landschaft zum Ausdruck. Die Landschaft spiegelt die verschiedensten menschlichen Gefühle und Sehnsüchte wider: Ruhe und Frieden, Obdach und Heimat, Liebe und Erotik, Freiheit und Unabhängigkeit. Oft werden Landschaftsbilder auch als Abbild der menschlichen Seele verstanden, gewissermaßen als Seelenlandschaften. Allgemein bildet die Darstellung von (Phantasie-)Landschaften in allen Bereichen der romantischen Kunst einen Gegenpol zur Zerstörung durch Zivilisation und Industrialisierung. Ein solches Bild unberührter Natur findet sich beispielsweise im Gedicht *Sehnsucht* von Joseph von Eichendorff wieder (vgl. S. 80 f.). In diesem Zusammenhang sei auch der Maler Caspar David Friedrich (1774–1840) erwähnt, der für seine spektakulären Landschaftsbilder – Allegorien des Zeitgeistes – berühmt ist.

*Natur als Seelenlandschaft*

**Ruine.** Die Ruine ist fester Bestandteil der romantischen Landschaft. Sie steht für den Verfall des vom Menschen Geschaffenen und die Vergänglichkeit des menschlichen Daseins an sich.

**Mond.** Eine romantische Landschaft erscheint in der Regel im silbernen Licht des Mondes. Traditionell verkörpert der Mond Weiblichkeit (vgl. lat. *luna* [f.], frz. *la lune*), woraus im Laufe der Zeit auch ein Sinnbild für Mütterlichkeit erwachsen ist. In der romantischen Lyrik ist er wichtiger Bestandteil von Landschaftsschilderungen, da in seinem Licht klare Konturen verschwimmen und ein positiv bewertetes Halbdunkel entsteht. Meist fungiert das Mondlicht als auslösendes Moment für sehnsuchtsvolle Gedanken eines lyrischen Ichs, wie etwa im Gedicht *Mondnacht* von Joseph von Eichendorff (vgl. S. 62).

*Konturen verschwimmen im Halbdunkel*

**Innerlichkeit im Sehnsuchtsmotiv.** Die romantische Sehnsucht richtet sich nicht nur nach außen, wie in der Suche nach Natur, sondern bei der Suche nach der eigenen Natur vor allem nach innen. Phantasie und Traum bieten dazu die besten Rückzugsräume.

*Phantasie und Traum*

**Traum und Nacht.** Mit dem Motiv des Traumes wird der Übergang zwischen Wachen und Schlafen, Diesseits und Jenseits, Leben und Tod, Phantasie und Realität thematisiert. Der Traum gilt als Schnittstelle, an der Phantasie und Realität ineinander zerfließen und sich gegenseitig befruchten.

*Schnittstelle zwischen Phantasie und Realität*

**Nacht und Dunkelheit** erfahren in der romantischen Lyrik ähnlich wie das Mondlicht eine weitgehend positive Bedeutung. Sie bilden nicht nur einen mildernden Kontrast zum grellen Tag, sondern liefern auch die nötige Ruhe für den Übergang vom bewussten Denken zu Traumvorstellungen.

**Wanderschaft und Heimkehr.** Das Motiv der Wanderschaft entspringt dem Gedanken der Naturverbundenheit.

Wandern heißt, in die Natur zu gehen und in Einklang mit ihr zu leben. Die Wanderschaft als Prozess wird jedoch meist als Metapher für die Lebensreise verwendet. Die Motive für die Wanderschaft sind Sehnsucht nach Selbstverwirklichung, Abenteuerlust und Selbstfindung (vgl. Wilhelm Müller: *Der Lindenbaum*, S. 56).

*Wanderschaft als Lebensreise*

**Philister und Poet.** Ein beliebtes Motiv, das oftmals in Zusammenhang mit der Lebenswanderung auftritt, ist der Gegensatz von Philister und Poet. Sie stehen für zwei entgegengesetzte Lebensentwürfe: Während der Philister den etablierten Spießbürger mit Familie und Eigentum repräsentiert, verkörpert der Poet die unbeständige Lebensweise des Künstlers und Taugenichts.

**Liebe.** Im Motiv der All-Einheit schwingt auch der Gedanke der All-Liebe mit, die sich im Bild der Mutterliebe, der erotischen wie auch der göttlichen Liebe äußert. Hinter dieser Vorstellung verbirgt sich das romantische Sehnen nach einer liebenden Instanz, die Geborgenheit und Schutz bietet. Aus diesem Gedanken heraus entsteht in der Romantik – entgegen der Aufklärung – eine neue Bewegung hin zu Frömmigkeit und Katholizismus.

*Mutterliebe, erotische Liebe, Gottesliebe*

**Unendlichkeit und ewiger Kreislauf.** Harmonie wird oft durch das Bild des Kreises symbolisiert. Der Kreis ist zugleich Metapher für den unendlichen Wechsel von Leben und Tod. Die romantische Bildsprache wählt für die Umschreibung von Unendlichkeit und Kreislauf das Motiv des

*Wechsel von Leben und Tod*

Mühlrads, Brunnens oder anderer fließender Gewässer. Oftmals stellen sie jedoch auch Wendepunkte im Leben dar, an denen das lyrische Ich eine Entscheidung fällen muss. Andererseits schwingt im Bild des fließenden Wassers auch der Gedanke von Reinigung mit, die im übertragenen Sinne für Erlösung und Vergessen durch den Tod stehen kann (vgl. »Lethes kühle Fluten« in Karoline von Günderrode: *Der Kuß im Traume*, S. 45).

Diese Motive werden in den folgenden Gedichten immer wieder erkennbar sein, auch wenn nicht jedes Mal auf sie ausdrücklich hingewiesen wird.

# 3. Texte und Interpretationen

## 3.1 Novalis (1772–1801)
## *Wenn nicht mehr Zahlen und Figuren* (1800)

Wenn nicht mehr Zahlen und Figuren
Sind Schlüssel aller Kreaturen,
Wenn die, so singen oder küssen,
Mehr als die Tiefgelehrten wissen,
Wenn sich die Welt ins freie Leben,
Und in die Welt wird zurück begeben,
Wenn dann sich wieder Licht und Schatten
Zu echter Klarheit werden gatten,
Und man in Märchen und Gedichten
Erkennt die ewgen Weltgeschichten,
Dann fliegt vor Einem geheimen Wort
Das ganze verkehrte Wesen fort.

### Erschließung des Textes über die ersten Eindrücke

Zur Annäherung an das Gedicht kann man sich zunächst notieren, was einem beim ersten, zweiten und dritten Lesen auffällt. Die besondere Schwierigkeit dieses Arbeitsschritts besteht darin, seine ersten Eindrücke möglichst eigenständig, d. h. in eigenen Worten zu formulieren. Wenn man die Punkte ordnet und etwas ausformuliert, könnte sich folgende Liste ergeben:

*Eigenständige Formulierungen*

### (a) Form

- Das Gedicht besteht aus einer Strophe.
- Zwölf vierhebige jambische Verse, sog. Knittelverse
- Regelmäßige Paarreime

### (b) Syntax und Sprache

- Das Gedicht besteht aus einem einzigen Satz.
- Logischer Aufbau des Gedichts
- Fünf gleichgeordnete konditionale Nebensätze enthalten Bedingungen, die logische Folge wird im anschließenden Hauptsatz formuliert.

### (c) Inhalt

- Im Gedicht wird *ein* Gedankengang ausgeführt.
- Das lyrische Ich nennt sich nicht selbst und spricht keine subjektiven Erlebnisse und Wahrnehmungen aus.
- Auffällig sind die metaphorischen Begriffspaare »Zahlen und Figuren« (V. 1), »singen oder küssen« (V. 3), »Licht und Schatten« (V. 7) sowie »Märchen und Gedichten« (V. 9).
- Verse 1–2: Die »Zahlen und Figuren« sind eine Metapher für die Wissenschaft, die als Muster für die Welterklärung offenbar abgelöst werden soll.
- Verse 3–4: Dichter und Liebende sollen mehr als Philosophen, Theologen oder Wissenschaftler gelten.
- Was könnten die Verse 5–6 bedeuten?
- Verse 7–8: Die Vereinigung der Gegensätze »Licht und Schatten« bewirkt eine höhere Einsicht, nämlich »Klarheit«.

- Verse 9–10: Den »Märchen und Gedichten«, also besonders poetischen Formen der Dichtung, wird unbeschränkte Gültigkeit zugesprochen.
- Verse 11–12: Wenn sich die wahre Welterkenntnis »vor Einem geheimen Wort« öffnet (V. 11), dann gibt es offenbar eine Art Zauberformel oder Passwort, das nur Poeten kennen. Diesem echten »Schlüssel aller Kreaturen« (V. 2) kann die falsche Weltsicht nicht standhalten, sie muss weichen.

### (d) Thematik

- Romantische Vision einer poetischen Welterkenntnis, welche die falsche (wissenschaftliche) Weltsicht ablöst.

## Genauere Analyse und Deutung

Wenn man die ersten Eindrücke festgehalten hat, geht man üblicherweise zu einer Textanalyse über. Die Ergebnisse der Textanalyse könnten wie folgt aussehen.

*Abweichungen vom strengen Metrum*

(a) **Form:** Das Gedicht besteht aus einer Strophe mit zwölf vierhebigen jambischen Versen, sog. Knittelversen, die regelmäßig paarweise gereimt sind. Es ist aufschlussreich zu untersuchen, wo das strenge Metrum durchbrochen wird:

Im vierten Vers liegt die Betonung am Anfang auf »Mehr«, wodurch der empfindende Mensch hörbar über den wissenschaftlichen Menschen gestellt wird.

Während in Vers 6 bei »wird zurück« lediglich eine zusätzliche Senkung (oder Hebung) steht, könnten die metrischen Unregelmäßigkeiten in den Versen 11 und 12 mit dem »verkehrten Wesen« in Verbindung gebracht werden. Der Autor könnte aber auch lediglich die metrischen Freiheiten genutzt haben, die der Knittelvers bietet.

**(b) Syntax und Sprache:** Das Gedicht besteht aus einem einzigen Satz, der sich in fünf gleichrangige konditionale Nebensätze (V. 1–10) und einen Hauptsatz gliedert (V. 11–12), der die Folge aus den Bedingungen formuliert. Das Satzschema ist demnach: Wenn – Wenn – Wenn – Wenn – Und (wenn) – Dann.

In den zweiten Bedingungssatz ist ein kurzer Relativsatz mit der alten Konjunktion »so« eingeschaltet (V. 3), die schon zu Novalis' Zeit als altertümlich empfunden wurde. In heutiges Deutsch übertragen, würde der Vers lauten: »Wenn die, die singen oder küssen«. Das »so« verleiht dem Vers aber einen geheimnisvollen Ton und macht ihn – passend zum Inhalt – leicht und poetisch.

Die Sprache des Gedichts wirkt leicht und fließend, beinahe volksliedhaft, obwohl hier ein kausal streng geordneter Gedankengang vorgetragen wird.

*Wissenschaftliche versus poetische Welterkenntnis*

**(c) Inhalt:** Die »Zahlen und Figuren« (V. 1) stehen für den rational-wissenschaftlichen Zugang zur Welt, der von Messungen, Experimenten und Berechnungen bestimmt wird. Damit wird die Erwartung ausgedrückt, dass die Dominanz der ausschließlich naturwissenschaftlichen Welterklärung endet (V. 1–2) und die wissenschaftlichen Erkenntnisse von den Einsichten der Poeten und Liebenden übertroffen werden mögen (V. 3–4 und

9–10). Dies ist eine Kritik an den Erkenntnismethoden des 18. Jahrhunderts, die von der Aufklärung bestimmt waren.

Während das Licht gemeinhin Metapher der Aufklärung ist, die zu einer »Erleuchtung« führen sollte, wird hier behauptet, dass erst die innige Vereinigung von »Licht« (= Verstand) und »Schatten« (= unbewusstes Inneres) zu »echter Klarheit« (V. 8), also zu wahrer Auf*klär*ung führen werde. Wie innig die Verbindung dieser scheinbaren Gegensätze sein müsse, wird durch die Vokabel »gatten« verdeutlicht (V. 8), die mit »begatten« erotisch konnotiert ist.

*»Licht« und »Schatten«*

Auch das »freie Leben« (V. 5) markiert einen Gegensatz zu den starreren Konventionen des aufgeklärten Bürgertums. Erst wenn sich die Gesellschaft von diesen Zwängen befreit habe, könne »die Welt« wieder zu sich kommen, sich also in ihren natürlichen Urzustand »zurück begeben« (V. 6).

Die »Märchen und Gedichte« (V. 9) bilden wieder einen Gegenpol zu den »Zahlen und Figuren«. Diesen besonders poetischen Dichtungen wird die größte Bedeutung zugemessen, da sie ursprüngliche und »ewge« Wahrheiten in sich tragen, die dem Verstand allein nicht zugänglich seien.

In den beiden letzten Versen wird die Klimax des Gedichts erreicht, indem die Konsequenz aus den vorher aufgetürmten Bedingungen formuliert wird: Es wird eine Zeit kommen, in der alle falsche Einseitigkeit, die Beschränkung des Menschen auf alles bloß Vernunftmäßige aufgehoben sein wird.

*Verflochtenheit von Inhalt und Form*

Die Ergebnisse dieser Textanalyse gehen nun in den Hauptteil eines Interpretationsaufsatzes ein. Man sollte sie jedoch nicht nur aneinanderreihen, sondern vielmehr zueinander in Beziehung setzen, um der Verflochtenheit von Form und Inhalt gerecht zu werden.

## Mögliche Thesen für den Schluss

Im Schlussteil einer Interpretation soll die Deutung zusammengefasst und in einen größeren Rahmen gestellt werden. Das könnte durch die folgenden Thesen geschehen:

*»Programm-Gedicht«*

- Es handelt sich um ein poetologisches Gedicht, also um ein Gedicht, welches das Dichten selbst thematisiert. Das Gedicht wurde 1802 veröffentlicht, es gilt seither als das wichtigste »Programm-Gedicht« der Romantik, das in kaum einer Gedichtanthologie fehlt.
- Das lyrische Ich philosophiert über eine neue, angemessenere Erkenntnis der »Welt«. Das Gedicht stellt der beschränkten gängigen Weltsicht eine umfassendere künftige Sichtweise gegenüber. Hierin drückt sich die romantische Vision aus: Das reale rational bestimmte Leben soll zu einem poetisch vertieften, erfüllteren Leben erweitert werden.
- Mit der logischen Wenn-Dann-Struktur wird die theoretische Sprache der rein wissenschaftlichen Sphäre verwendet, die im Gedicht eigentlich kritisiert wird. Die Reflexion wird aber in einer besonders poetischen Form, einem Gedicht, vorgetragen, so dass sich hier Wissenschaft

und Poesie vereinigen und im Sinne Novalis' zu »echter Klarheit« führen.

– Dem Dichter kommt die entscheidende Funktion zu, denn er befreit, ja erlöst die Menschheit durch sein poetisches Wirken von der einseitig rationalen Weltsicht und führt sie zu einer ganzheitlichen Welterkenntnis, in welcher der Mensch in Einklang und Harmonie mit sich und der Natur leben kann. In diesem Sinne haben viele Strömungen der ganzheitlich-alternativen Medizin und der ökologischen Bewegung unserer Tage ihre Wurzeln in der Romantik.

*Ganzheitliche Welterkenntnis*

## 3.2 Joseph von Eichendorff (1788–1857)
### *Die zwei Gesellen*

Es zogen zwei rüstge Gesellen
Zum ersten Mal von Haus
So jubelnd recht in die hellen
Klingenden, singenden Wellen
Des vollen Frühlings hinaus.

Die strebten nach hohen Dingen,
Die wollten trotz Lust und Schmerz,
Was Rechts in der Welt vollbringen,
Und wem sie vorübergingen
Dem lachten Sinnen und Herz. –

Der erste, der fand ein Liebchen,
Die Schwieger kauft' Hof und Haus;

Der wiegte gar bald ein Bübchen,
Und sah aus heimlichen Stübchen
Behaglich ins Feld hinaus.

Dem zweiten sangen und logen
Die tausend Stimmen in Grund,
Verlockend' Sirenen, und zogen
Ihn in der buhlenden Wogen
Farbig klingenden Schlund.

Und wie er auftaucht vom Schlunde
Da war er müde und alt,
Sein Schifflein das lag im Grunde,
So still war's rings in die Runde
Und über die Wasser weht's kalt.

Es singen und klingen die Wellen
Des Frühlings wohl über mir
Und seh ich so kecke Gesellen;
Die Tränen im Auge mir schwellen –
Ach Gott, führ uns liebreich zu Dir!

*Wanderschaft*

*Philister – Poet*

Mit *Die zwei Gesellen* von Joseph von Eichendorff, im Jahre 1818 veröffentlicht, liegt ein Gedicht vor, das sowohl die Wanderschaft als großen romantischen Topos thematisiert als auch die Lebensformen von Philister und Poet gegenüberstellt. Das an diesem Gedicht gezeigte Texterschließungsverfahren ist eine Interpretationstabelle. Eine solche Tabelle bietet die Möglichkeit, Vers für Vers eine systematische und knappe Untersuchung vorzunehmen, die anschließend als Leitfaden für einen ausführlichen Interpretationsaufsatz dienen kann.

In diesem Fall bietet es sich an, für die Tabelle fünf Spalten anzulegen, in denen folgende Elemente stehen könnten: Strophen/Verse, Überschriften/Inhalt, Sprache, Formmerkmale/Aufbau, Deutung.

Zunächst allgemeine Hinweise zu Form und Aufbau:

- Dreihebige Verse mit Füllungsfreiheit.
- fünfzeilige Strophenform, Reimschema ABAAB.
- Strophen 1, 2, 6 bilden eine »Rahmenhandlung« und umschließen die »Binnenhandlung« der Strophen 3–5.

Siehe die Tabelle auf S. 22–29.

### Auswertung der Tabelle

Zwei Lebensentwürfe

*Die zwei Gesellen* stehen für zwei verschiedene Lebensentwürfe: zum einen für den des Philisters und Biedermanns, der sein sicheres Auskommen sucht und nach gesellschaftlicher Anerkennung strebt, zum anderen für den des Bohémiens, des Lebenskünstlers, die nicht selten Poeten waren, sich dem bürgerlichen Nützlichkeitsideal entzogen und sich selbst »Taugenichtse« nannten.

Diese Gegenüberstellung ist ein beliebtes Motiv der Romantiker, da hierin der Abgrenzung von der klassisch-aufklärerischen Literaturszene Ausdruck verliehen wird. So sahen sich die Romantiker als »Poeten«, die aus der Unbeständigkeit und Unsicherheit ihrer Existenz ihre Schöpferkraft ziehen. Unter anderem lautete ein Vorwurf von Seiten der rationalen, utilitaristisch ausgerichteten Kritiker, dass die

*Fortsetzung S. 30*

| Strophen/ Verse | Überschriften/ Inhalt | Sprache |
|---|---|---|
| 1, 2 | Beginn der Wanderschaft, Aufbruch in ein neues Leben bzw. ins Leben | beschwingter, erwartungsvoller Ton |
| V. 1–5 | Aufbruch der zwei Gesellen in eine vielversprechende Zukunft | • ein einziger Hauptsatz ohne Nebensätze (Parataxe)<br>• Binnenreim bei »Klingenden, singenden« (V. 4) |
| V. 6–10 | Ziel der Wanderschaft ist, einen Platz im Leben zu finden | |

| Formmerkmale/ Aufbau | Deutung |
|---|---|
| | |
| | • »zwei rüstge Gesellen« (V. 1): gleiche Ausgangssituation: beide brechen gemeinsam und gerüstet fürs Leben auf<br>• »so jubelnd« (V. 3): Charakterisierung der beiden Wanderer als unbeschwert, unerfahren, naiv, aber auch selbstsicher und übermütig<br>• »in die hellen / Klingenden, singenden Wellen« (V. 3 f.): Die vor ihnen liegende Zukunft wird als vielversprechend, verlockend und aufregend gekennzeichnet<br>• »Wellen«: Seefahrtsmetaphorik; günstiger Wellengang<br>• »des vollen Frühlings« (V. 5): Metapher der Jugend, die dadurch als blühender, vor Lebenslust sprühender, kraftvoller Lebensabschnitt beschrieben wird |
| | • »Die strebten nach hohen Dingen« (V. 6): hohe Ideale der motivierten, jungen Leute<br>• »trotz Lust und Schmerz« (V. 7): Die Lust könnte für den jugendlichen Leichtsinn, der Schmerz für Heimweh oder Liebeskummer stehen |

| | | |
|---|---|---|
| 3–5 | Gegenüberstellung zweier Lebensentwürfe | |
| V. 11–15 | **Der Philister** | |
| | Er wird sesshaft, heiratet, gründet eine Familie und gelangt zu Wohlstand | • eindeutige, konkrete Sprache<br>• aber: ironischer Unterton: »gar bald« (V. 13), »heimlich« (V. 14), »Behaglich« (V. 15)<br>• Diminutive »Liebchen« (V. 11), »Stübchen« (V. 14) |
| V. 16–25 | **Der Bohémien, Taugenichts, Poet** | |
| V. 16–20 | Er gibt sich einem unsteten Lebenswandel voller Verlockungen aller Art hin und verliert sich darin | metaphorische, gewundene Sprache |

| | |
|---|---|
| | • »Was Rechts in der Welt vollbringen« (V. 8): Suche nach gesellschaftlicher Anerkennung, Etablierung und Selbstbestätigung, sie wollen sich nützlich machen<br>• »Dem lachten Sinnen und Herz« (V. 10): die Jugend wird als Hoffnungsträger angesehen |
| | |
| | |
| eher regelmäßiger Rhythmus | • »Feld« (V. 15): Metapher für die »Flachheit«, Eintönigkeit, Bequemlichkeit dieses Lebensentwurfes; keine Erhebungen und Hindernisse stören seinen Blick; es gibt keine Herausforderungen mehr, die eine Fortentwicklung bewirken könnten<br><br>• insgesamt wird ein statisches Bild vom Philister entworfen |
| | |
| • eher unregelmäßiger Rhythmus<br>• Motiv des Singens und Klingens als Verheißung (V. 4) wird in Vers 16 | • »sangen und logen« (V. 16): Gesang steht hier einerseits für die Verlockungen des Lebens, die durch »logen« als Betrug charakterisiert werden, andererseits für die trügerische Phantasiewelt des Poeten |

| | | |
|---|---|---|
| | | |
| V. 21–25 | Erkenntnis und Ernüchterung angesichts des im Leben Erreichten und infolgedessen Ermattung | nüchterner Ton |
| 6 | Fazit, Kommentar, Segen des lyrischen Ichs | |
| V. 26–27 | Erneuter »Frühlingsanbruch« und Wehmut, aber auch Rührung, angesichts der sich wiederholenden Bilder, | wehmütiger, zurückhaltender Unterton (»wohl über mir«, V. 27) |

| | |
|---|---|
| mit der negativen Konnotation der Verlockung wieder aufgegriffen: »sangen« (V. 16) und »klingenden« (V. 20) umrahmen den »Schlund« aus »Stimmen« und »Sirenen«<br>• »Wellen« (V. 4) werden zu »Wogen« (V. 19) | • »tausend Stimmen« (V. 17): sie verkörpern die Vielfältigkeit der Verführungen<br>• »Sirenen« (V. 18), »buhlende Wogen« (V. 19): erotische Abenteuer, wechselnde Liebschaften<br>• »Wogen« (V. 19), »Grund« (V. 17), »Schlund« (V. 20): Seefahrtsmetaphorik aus Vers 4 wird fortgesetzt: günstiger Wellengang wird zum reißenden Sog<br>• »farbig« (V. 20): aufregender, vielfältiger, abwechslungsreicher Lebenswandel<br>• das Bild vom Poeten ist dynamisch |
| Metaphern der Vorstrophe (»Schlund«, »Grund«) werden aufgegriffen und fortgeführt: Seefahrtsmetaphorik | • »Schifflein« (V. 23): Leben, Lebensgrundlage, Vermögen<br>• »still war's rings in die Runde« (V. 24): Einsamkeit, Freudlosigkeit; »stille Runde« könnte für untreue Freunde stehen<br>• »Und über die Wasser weht's kalt« (V. 25): Der zweite Geselle ist dem Alter, der Armut, der Einsamkeit etc. schutzlos ausgeliefert |
| | |
| • Wiederaufnahme des »Singens« und »Klingens«, sowie des Seefahrtmotivs; diesmal jedoch keine verheißungs- | • Der Anblick ausziehender Gesellen ruft nun anstelle von Freude und hohen Erwartungen Wehmut und Trauer hervor (vgl. V. 9 f. und V. 28 f.) |

| | | |
|---|---|---|
| | Rückblick, Rückbesinnung | |
| V. 30 | Segenswunsch des lyrischen Ichs | Gebetsähnlicher Ausruf, Segensbitte an Gott |

| | |
|---|---|
| volle, sondern zurückhaltende und gedämpfte Stimmung<br>• Parallele: »Und wem sie vorübergingen, / Dem lachten Sinnen und Herz« (V. 9 f.) und »Und seh' ich so kecke Gesellen, / Die Tränen im Auge mir schwellen« (V. 28 f.) | • Aufbruch und Wanderschaft junger Leute als sich wiederholendes Ereignis und fester Bestandteil des Lebens<br>• Wechsel zum »mir«, zum »ich«, Wechsel in die erste Person: Miteinbeziehung des eigenen Schicksals, Fokus auf das lyrische Ich |
| | • Rückschau des lyrischen Ichs auf seine eigene Jugend, auf sein eigenes unbeständiges Leben als Poet: Identifikation des lyrischen Ichs mit dem Lebensentwurf des zweiten Gesellen<br>• kritischer, aber neutraler Beobachter und Kommentator der unterschiedlichen Entwicklung der beiden Gesellen<br>• Wechsel zum »uns«: lyrisches Ich bezieht sich und den Leser in den Segenswunsch mit ein; d. h., jeder läuft Gefahr, im Leben zu scheitern, als Philister wie als Poet |

gehobenen bürgerlichen Verhältnisse, in denen die meisten Romantiker lebten, im Widerspruch zum propagierten Ideal des »Poeten« stünden. Dennoch kann den Romantikern eine liberale, moderne Lebenseinstellung und Geisteshaltung nicht abgesprochen werden.

Das vorliegende Gedicht spiegelt diese Tendenz in gewisser Weise wider, auch wenn keine klare Wertung vorliegt. Ganz unspektakulär wird in wenigen Versen einer Strophe das Leben des Philisters skizziert. Ebenso knapp und schnörkellos wie die Sprache verläuft auch sein Leben. Reibungslos folgt Vers auf Vers ein neuer Schritt ins Spießbürgertum, bis am Ende nur noch ein weites »Feld« vor ihm liegt, frei von Herausforderungen, die zur Veränderung anregen.

*Sesshaftigkeit*

Der Lebenskünstler dagegen wird in zwei Strophen in bildreichen Worten geschildert. Seine Wanderung hat im Gegensatz zum Philister nie aufgehört. Er ist seiner Abenteuerlust gefolgt und hat sich vielen Verlockungen hingegeben. Seine Existenz ist rastlos und unstet und bleibt am Ende ergebnislos. Die farbenfrohen Lockungen der Anfänge entpuppen sich schließlich als Verderben. Eine ganze Strophe ist der Schilderung dieses Verderbens gewidmet: einsam und mittellos ist der »Poet« als alter Mann vollkommen ungeschützt den Schwierigkeiten des Lebens ausgesetzt.

*Ewige Wanderung*

Die Verse der letzten Strophe sind zwar aus der Perspektive des lyrischen Ichs gesprochen, geben aber kaum Hinweise auf eine Bewertung der beiden Lebensläufe und schon gar nicht auf eine mögliche Positionierung des Dichters. Und obgleich der Schilderung des zweiten Lebensentwurfs zwei Strophen eingeräumt werden, ist dies vor allem als Mittel der Kontrastierung zu verstehen.

Allerdings sind die Tränen der Rührung in Vers 29 nicht allein auf ein Gefühl des Mitleids angesichts des Scheiterns des »Poeten« zurückzuführen (vgl. Binneberg, S. 106). Sie sprechen vielmehr für die Ergriffenheit, möglicherweise eingedenk des eigenen Lebens, des eigenen Scheiterns. Insofern könnte diese Andeutung von Empathie für den zweiten Lebensentwurf auch als leichte Wertung aufgefasst werden.

Beide Lebenswege weisen jedoch ihre Vor- und Nachteile auf, so dass dem lyrischen Ich nur der Wunsch auf ein gnädiges Schicksal, gelenkt von Gott, zu äußern bleibt. Das allumfassende »uns« am Ende schließt dabei sowohl das lyrische Ich wie auch den Leser in den Segenswunsch mit ein.

## 3.3 Clemens Brentano (1778–1842) *Sprich aus der Ferne* (1801)

Sprich aus der Ferne
Heimliche Welt,
Die sich so gerne
Zu mir gesellt.

Wenn das Abendrot niedergesunken,
Keine freudige Farbe mehr spricht,
Und die Kränze still leuchtender Funken
Die Nacht um die schattigte Stirne flicht:

Wehet der Sterne
Heiliger Sinn
Leis durch die Ferne
Bis zu mir hin.

Wenn des Mondes still lindernde Tränen
Lösen der Nächte verborgenes Weh;
Dann wehet Friede. In goldenen Kähnen
Schiffen die Geister im himmlischen See.

Glänzender Lieder
Klingender Lauf
Ringelt sich nieder,
Wallet hinauf.

Wenn der Mitternacht heiliges Grauen
Bang durch die dunklen Wälder hinschleicht,
Und die Büsche gar wundersam schauen,
Alles sich finster tiefsinnig bezeugt:

Wandelt im Dunkeln
Freundliches Spiel,
Still Lichter funkeln
Schimmerndes Ziel.

Alles ist freundlich wohlwollend verbunden,
Bietet sich tröstend und traurend die Hand,
Sind durch die Nächte die Lichter gewunden,
Alles ist ewig im Innern verwandt.

Sprich aus der Ferne
Heimliche Welt,
Die sich so gerne
Zu mir gesellt.

An diesem Gedicht wird eine Textanalyse vorgemacht. Wir gehen davon aus, dass man bereits zu einem **ersten inhaltlichen Textverständnis** gelangt ist, welches sich beispielsweise wie folgt zusammenfassen ließe:

I. Innerhalb des Rahmens von erster und letzter Strophe findet eine Annäherung zwischen der leidvoll-irdischen und der harmonisch-himmlischen Sphäre statt.

*Annäherung der irdischen und der himmlischen Sphäre*

II. Diese Annäherung geschieht in drei Schritten: in Strophe 2–3, 4–5 und 6–7, wo in Variationen jeweils die Sehnsucht und gleichzeitig das wachsende innere Bemühen ausgesprochen wird, alle Gegensätze des Daseins überwinden zu wollen.

*Überwindung aller Gegensätze des Daseins*

III. Das Gedicht gipfelt in der achten Strophe, welche die Conclusio formuliert: »Alles ist freundlich wohlwollend verbunden«, mehr noch: »Alles ist ewig im Innern verwandt.« Alles, auch alles Gegensätzliche, ist vereinigt, es herrscht eine höhere Harmonie.

*Höhere Harmonie*

IV. Das Gedicht wirkt klanglich und sprachlich besonders schön und harmonisch.

### Textanalyse

Wir unterziehen das Gedicht nun einer genauen Analyse. Analysieren ist dabei lediglich eine deskriptive Tätigkeit; man beschreibt möglichst neutral bestimmte Merkmale und verzichtet zunächst darauf, dem Merkmal schon eine Bedeutung und damit eine Interpretation zu geben.

### Form

A. Fünf »kurze« und vier »lange« Strophen im Wechsel.
B. In den **Kurzstrophen** regelmäßig Daktylen, in den **Langstrophen** unregelmäßig Trochäen und Daktylen.
C. Durchgehender **Kreuzreim** mit männlichen und weiblichen Kadenzen.
D. Rahmen: Die erste Strophe wird zum Schluss wiederholt.

### Sprache

E. Viele Vokabeln aus dem Bereich der **Sinneswahrnehmungen:** »Sprich« (V. 1); »Abendrot« (V. 5); »Farbe« (V. 6); »still leuchtender« (V. 7); »schattigte« (V. 8); »Sterne« (V. 9); »Leis« (V. 11); »Mondes« (V. 13); »still« (V. 13); »goldenen« (V. 15); »Glänzender Lieder« (V. 17); »Klingender« (V. 18); »dunklen« (V. 22); »schauen« (V. 23); »finster« (V. 24); »Dunkeln« (V. 25); »Still Lichter funkeln« (V. 27); »Schimmerndes« (V. 28); »Lichter« (V. 31).
F. **Synästhesien:** »Farbe ... spricht« (V. 6); »still leuchtender« (V. 7); »Glänzender Lieder« (V. 17); »Still Lichter« (V. 27).
G. **Personifikationen:** »Abendrot ... niedergesunken« (V. 5); »Farbe ... spricht« (V. 6); »Nacht ... flicht« (V. 8); »Grauen ... hinschleicht« (V. 21 f.); »Büsche ... schauen« (V. 23).
H. Drei **Konditionalgefüge:** »Wenn ... flicht: / [Dann] Wehet ...« (V. 5–12); »Wenn ... / Dann ...« (V. 13–16); »Wenn ... bezeugt: / [Dann] Wandelt ...« (V. 21–28). Auffällig: zweimal ein Doppelpunkt an der Grenze von Bedingung und Folge.
J. **Gleichklang** aufeinanderfolgender Aus- und Anlaute:

»still leuchtender« (V. 7); »still lindernde« (V. 13); »Still Lichter« (V. 27).

K. **Alliterationen:** »freudige Farbe« (V. 6); »wohlwollend« (V. 29); »tröstend und traurend« (V. 30).

### Inhaltliche Bedeutungsebenen erfassen

L. **Ebene der Gegensätze:** Der Oben-unten- bzw. **Himmel-Erde-Gegensatz** wird im »niedergesunken« deutlich (V. 5), wobei die »freudige Farbe« zum irdischen »unteren« Bereich zu zählen ist (V. 6). Die »Kränze still leuchtender Funken« gehören zum Himmel (V. 7), dem die »schattigte Stirne« des Menschen auf der Erde entgegengesetzt wird (V. 8). Im weiteren Verlauf lassen sich die Gegensätze »Sterne« – »zu mir« (V. 9–12), »des Mondes« – »Weh« (V. 13 f.), »im himmlischen See« (V. 16), »Ringelt sich nieder / Wallet hinauf« (V. 19 f.), »die dunklen Wälder« – »Still Lichter« (V. 23, 27) dieser Bedeutungsebene zuweisen.
Auch ein **Hell-Dunkel-Gegensatz** durchzieht das Gedicht: »leuchtender« – »schattigte« (V. 7, 8); »der Sterne« (V.9), »des Mondes« – »der Nächte« (V. 13, 14); »Glänzender Lieder« (V. 17); »der Mitternacht«, »dunklen Wälder«, »finster«, »im Dunkeln« (V. 21–25), »Still Lichter« (V. 27); »die Nächte die Lichter« (V. 31).

M. Die **Ebene des Ausgleichs** wird anfangs durch positive Begriffe wie »Heimliche Welt« (V. 2), »Heiliger Sinn« (V. 10) und »Friede« (V. 15) markiert. In Vers 19 und 20 kommt es erstmalig zu einem wechselseitigen Kontakt zwischen himmlischer und menschlicher Sphäre. Der metaphysische Ausgleich wird besonders in der achten Strophe sichtbar, wo alle Gegensätze aufgehoben und in einer umfassenden Harmonie vereinigt sind. Die Vokabeln »wohlwollend verbunden« (V. 29), »gewunden« (V. 31) und »ewig im Innern verwandt« (V. 32) verweisen auf diese Ebene.

### Interpretation

Ausgehend vom ersten Textverständnis gelangen wir zu gesicherten Interpretationsthesen, indem wir die einzelnen Ergebnisse der Textanalyse unseren ersten Interpretationsaussagen als Belege zuordnen.

*Belege für Interpretationsthesen*

Bei diesem Vorgang kann sich zeigen, dass unsere ursprünglichen Aussagen modifiziert oder revidiert werden müssen, damit die Belege zu ihnen passen, oder dass bestimmte Aussagen gar nicht haltbar sind, weil sie sich nicht stichhaltig belegen lassen.

**Annäherung der irdischen und himmlischen Sphäre** (A, L → I.)

In den Kurzstrophen ist ausschließlich die himmlische Sphäre präsent, in den Langstrophen überwiegend die irdische. In diesem Sinne können die Merkmale A und L verknüpft werden. Damit lässt sich die ursprüngliche Textaussage I. belegen.

**Schrittweise Überwindung der Gegensätze** (H, L → II.)

In drei aufeinander aufbauenden Konditionalgefügen wird die Überwindung der Gegensätze zwischen Erde und Himmel angestrebt. Die Merkmale H und L belegen zusammen die Aussage II.

**Harmonie, Vereinigung alles Gegensätzlichen** (B, C, F, G, J, K, M → III.)

Den Merkmalen C, F und G ist gemeinsam, dass Unterschiede zueinandergestellt und ausgeglichen werden. J und K sind Figuren des Gleichklangs, der Harmonie. Diese Merkmale lassen sich mit der Bedeutungsebene M verknüpfen und der Aussage III zuordnen. Dieses religiöse Thema wird durch die feierlich-ernsten Daktylen und Trochäen unterstrichen (Merkmal B).

In einem christlichen Sinne kommt es in der achten Strophe zu einer *unio mystica*, der Vereinigung von Gott und menschlichem Individuum. Im Symbol des »Himmelskusses« wird uns dieses Thema in Eichendorffs *Mondnacht* erneut begegnen (siehe S. 62 f.).

**Sinnlich-klangliche Schönheit** (E, F, J, K → IV.)

E, F, J, K sind Merkmale besonderer klanglicher Schönheit. Sie gehören zu Aussage IV.

Anmerkung: Da es sich hier um sinnliche Wahrnehmungen handelt, die zu »geistigen Wahrnehmungen« wie »Heimliche Welt«, »Friede« usw. gestellt werden, könnte man auch den **Gegensatz Sinnlich-Geistig** zur Bedeutungsebene L zählen, der ebenfalls zum Ausgleich gebracht wird.

Das Merkmal D passt übrigens nicht ohne Weiteres zu den Aussagen I–IV. Durch die Wiederholung der ersten Strophe am Schluss wird der Eindruck eines Kreislaufs erzeugt. Dies könnte bedeuten, dass die himmlische Offenbarung nicht von selbst bestehen bleibt, sondern durch fortwährende Bemühungen aufrecht erhalten werden muss. Da sich diese Aussage aber nur durch ein formales Merkmal belegen und inhaltlich nicht stützen lässt, überschreiten wir an dieser Stelle die Grenzen der Interpretation.

*Hauptteil eines Interpretationsaufsatzes*

Im vorgestellten Verfahren haben sich belegbare Interpretationsthesen ergeben: Wenn man sie ausformuliert und mit den Analyseergebnissen verknüpft, durch Textbelege abstützt, in eine steigende Struktur bringt und mit Überleitungen versieht, dann erhält man den Hauptteil eines Interpretationsaufsatzes.

## 3.4 Joseph von Eichendorff (1788–1857) *Das zerbrochene Ringlein* (1837)

In einem kühlen Grunde
Da geht ein Mühlenrad,
Mein Liebste ist verschwunden,
Die dort gewohnet hat.

Sie hat mir Treu versprochen,
Gab mir ein'n Ring dabei,
Sie hat die Treu gebrochen,
Mein Ringlein sprang entzwei.

Ich möcht als Spielmann reisen
Weit in die Welt hinaus,
Und singen meine Weisen,
Und gehn von Haus zu Haus.

Ich möcht als Reiter fliegen
Wohl in die blut'ge Schlacht,
Um stille Feuer liegen
Im Feld bei dunkler Nacht.

Hör ich das Mühlrad gehen:
Ich weiß nicht, was ich will –
Ich möcht am liebsten sterben,
Da wär's auf einmal still!

Um Zugang zu einem Gedicht zu gewinnen, kann man sich ihm strophenweise annähern. Dies ist eine Methode der Texterschließung, die in der Schule häufig angewandt wird – sie soll hier vorgemacht werden.

### Von Strophenüberschriften zur Deutung

Nach der ersten Lektüre versieht man jede Strophe mit einer Überschrift, die eine inhaltliche Zusammenfassung darstellt. Das könnte hier so aussehen:

Str. 1: Verschwundene Müllerstochter
Str. 2: Treuebruch
Str. 3: Vagabundierender Musiker
Str. 4: Kavallerie-Soldat in der Schlacht
Str. 5: Stille im Tod

Schon hierdurch wird der wesentliche Inhalt deutlich. Anschließend gliedert man das Gedicht mit Hilfe dieser Überschriften:

| | |
|---|---|
| Str. 1: Verschwundene Müllerstochter<br>Str. 2: Treuebruch | Teil 1 |
| Str. 3: Vagabundierender Musiker<br>Str. 4: Kavallerie-Soldat in der Schlacht<br>Str. 5: Stille im Tod | Teil 2 |

Man mache sich klar, dass Überschriften und Gliederung bereits eine Interpretation darstellen, die am Text begründbar sein muss. Es besteht nämlich die große Gefahr, dass in diesem frühen Stadium der Interpretation allzu frei Überschriften notiert werden, die nicht zum Text passen, weil das Textverständnis noch zu ungenau ist. Um die Gliederung und die Überschriften zu begründen, begibt man sich tiefer in den Text hinein:

### Begründung für die Gliederung

Dass die Strophen 1 und 2 zusammengehören, lässt sich sprachlich begründen: Beide Strophen beschreiben Vergangenes, abgesehen vom ersten Satz (V. 1–2) stehen sie im Perfekt und im Präteritum. Sie geben Wirklichkeit wieder und stehen eindeutig im Indikativ.

*Vergangenheit und Gegenwart*

Dagegen beziehen sich die Strophen 3–5 auf die Gegenwart, sie stehen durchgängig im Präsens. Durch die drei »möcht[e]« in jeder Strophe (V. 9, 13, 19) haben sie außerdem einen konjunktivischen Charakter, womit der Bereich des Möglichen, des Gewünschten, aber auch Unsicheren angedeutet ist. Der Konjunktiv II im letzten Vers unterstreicht dies.

Die Überschriften und die Gliederung sind eine Hilfe für die weiteren Schritte der strophenweisen Interpretation. Man überlegt sich dabei, was das Charakteristische der einzelnen Strophen ist und was den Strophen eines Teils gemeinsam ist. Das Ergebnis könnte so aussehen:

### Strophenweise Deutung des Inhalts

Teil 1: In den ersten beiden Strophen wird die Vorgeschichte in kürzester Form beinahe dramatisch dargestellt und die Bedeutung des Titels geklärt: Die Geliebte, wahrscheinlich die Müllerstochter, hat das lyrische Ich verlassen und das Treueversprechen gebrochen, mit der Folge, dass der beim Verlöbnis geschenkte Ring zerbrochen ist.

*Bruch des Treueversprechens*

Teil 2: In den folgenden drei Strophen reflektiert das lyrische Ich drei scheinbar konkrete Möglichkeiten, wie es ohne Liebe existieren könnte: als fahrender Musiker in der weiten Welt, als Soldat im Kampf oder als deprimiertes Individuum im stillen Tod. Alle drei Möglichkeiten wenden sich resigniert von der Geliebten ab und beschreiten nicht-bürgerliche Wege. Der Musiker zieht in die »Welt hinaus« (V. 10) und ergeht sich in sentimentaler Selbstbespiegelung. In der vierten Strophe wendet sich die Liebe in Abenteuerlust und trotzige Aggression. Da beides nicht befreit, erwägt das lyrische Ich die Erlösung im Tod. Der Todeswunsch wird aber kein fester Vorsatz, er bleibt ein tröstendes Gedankenspiel, wie der Konjunktiv »wär's« verdeutlicht (V. 20).

*Drei Möglichkeiten für ein Leben ohne Liebe*

### Bemerkungen zu wichtigen Motiven

Die beiden zentralen Motive Mühlrad und Ring sind durch ihre Form und Bedeutung eindeutig aufeinander bezogen.

Der **Ring** ist ein universelles Symbol der Dauer, Ewigkeit, Bindung und Treue. Der Treuebruch durch die Müllerstochter wird im magischen Bruch des Rings offensichtlich (V. 5–8).

Die **Mühlrad**-Symbolik findet sich in der ersten und letzten Strophe und umspannt damit das gesamte Gedicht. Das fortwährende und gleichmäßige Drehen des Wasserrades symbolisiert ebenfalls Dauer und Ewigkeit, aber auch Wiederholung.

*Symbol für Liebesschmerz*

Beim Anblick des Mühlrads wird dem lyrischen Ich der zentrale Gegensatz auf tiefere, schmerzliche Weise deutlich: Liebe und Vertrautheit zerbrechen vor dem Hintergrund ewiger Beständigkeit. In seinen tausendfachen Umdrehungen führt das Mühlrad dem Betrogenen den wiederholten Schmerz vor Augen, es wird damit Symbol des Leids. Weil der Verlust der Liebe nicht mehr rückgängig zu machen ist, wünscht das lyrische Ich im eigenen Tod das Rad der Zeit anzuhalten – dann stünde auch das klappernde Mühlrad »auf einmal still« (V. 20).

Selbstverständlich muss auch bei diesem Verfahren der Texterschließung eine Textanalyse stattfinden. Wir beschränken uns auf die wichtigsten Bemerkungen:

### Bemerkungen zur Form

*Das zerbrochene Ringlein* wird oft als Romanze eingestuft, also als ein balladenartiges, volkstümliches Erzähllied.

Das Gedicht ist durch die **Volksliedstrophe** geprägt, wobei auf die formalen Freiheiten dieses Strophentyps völlig verzichtet wird: Es handelt sich durchgehend um vier dreihebige jambische Verse im Kreuzreim, freie Füllungen kommen nicht vor. Die Verse 1/3 und 17/19 reimen sich durch **Assonanzen**, einem Merkmal von Volksliedern, das die Romantiker gezielt eingesetzt haben.

### Bemerkungen zur Sprache

Die Sprache ist einfach und verständlich. Auffällig ist die durchgehende Reihung von Hauptsätzen, **Parataxe** genannt. Im gesamten Gedicht kommen nur zwei kurze Nebensätze vor (V. 4, 18), es gibt keine umfangreichen Satzglieder, nur kurze Adverbiale und Präpositionalobjekte. Der Satzbau mit seinen Parallelismen wirkt demgemäß besonders schlicht.

Das Gedicht verzichtet auf poetische Wendungen und besondere rhetorische Figuren. Dagegen werden **umgangssprachliche Elemente** verwendet: z.B. die Betonung mit »da« (V. 1–2) und häufige Auslassungen wie »Mein« statt »Meine« (V. 3), »ein'n« (V. 6), »Hör« statt »Höre« (V. 17), »wär's« (V. 20), besonders aber dreimal »möcht« statt »möchte« (V. 9, 13, 19).

Diese volkssprachliche Wirkung des Gedichts ist das Ergebnis einer präzisen künstlerischen Gestaltung. Während echte Volkslieder häufig sprachliche Grobheiten und inhaltliche Brüche aufweisen, ist das »Kunst-Volkslied« der Romantik sprachlich und inhaltlich bewusst harmonisch gestaltet.

*»Kunst-Volkslied«*

## Zwei Vorschläge für die Einleitung

Nach dieser Vorarbeit kann man mit der Formulierung eines Interpretationsaufsatzes beginnen. Wir wenden uns zunächst der Einleitung zu, die zum Werk hinführen und etwas Wesentliches darüber mitteilen soll, ohne sich sofort in die Interpretation hineinzubegeben. Wir führen zwei alternative Beispiele an:

*Hinführung zum Werk*

1. »Standardeinleitung«: In Joseph von Eichendorffs Romanze *Das zerbrochene Ringlein* aus dem Jahre 1810 reagiert das lyrische Ich deprimiert darauf, dass es von der Geliebten verlassen wurde. Es führt sich drei Möglichkeiten vor Augen, wie es ohne Liebe existieren könnte: indem es als Musiker herumzieht, als Soldat kämpft oder indem es den Tod sucht. Man hat aber das Gefühl, dass das lyrische Ich keine dieser Optionen ernsthaft weiterverfolgen will.

*Basissatz mit Inhaltsangabe*

2. »Literarische Einleitung«: Wie viele Gedichte, Erzählungen und Romane handeln von diesem alltäglichen großen Thema? Ein Ich muss verkraften, dass es von der oder dem Geliebten verlassen wurde, es sucht nach Wegen, den Schmerz zu ertragen und den Verlust zu überwinden. In Joseph von Eichendorffs Romanze *Das zerbrochene Ringlein* aus dem Jahre 1810 führt sich das lyrische Ich als betrogener Liebhaber drei Möglichkeiten vor Augen, wie es ohne Liebe leben könnte: indem es als Musiker herumzieht, als Soldat kämpft oder indem es den Tod sucht. Keine dieser Optionen scheint allerdings die Befreiung zu bringen, die sich das lyrische Ich erhofft.

*Liebesschmerz im Zentrum*

## 3.5 Karoline von Günderrode (1780–1806) *Der Kuß im Traume* (1805)

Es hat ein Kuß mir Leben eingehaucht,
Gestillet meines Busens tiefstes Schmachten,
Komm, Dunkelheit! mich traulich zu umnachten,
Daß neue Wonne meine Lippe saugt.

In Träume war solch Leben eingetaucht,
Drum leb ich, ewig Träume zu betrachten,
Kann aller andern Freuden Glanz verachten,
Weil nur die Nacht so süßen Balsam haucht.

Der Tag ist karg an liebesüßen Wonnen,
Es schmerzt mich seines Lichtes eitles Prangen
Und mich verzehren seiner Sonne Gluten.
Drum birg dich Aug dem Glanze ird'scher Sonnen!
Hüll dich in Nacht, sie stillet dein Verlangen
Und heilt den Schmerz, wie Lethes kühle Fluten.

Mit *Der Kuß im Traume* liegt kein leicht zugängliches Gedicht vor, da in ihm viel Widersprüchliches enthalten ist. Zudem sind die Begriffe vielseitig deutbar, weil sie durch ein Netz von Assoziationen eng miteinander verknüpft sind. Daraus ergeben sich zwar einerseits für die Interpretation hilfreiche Anhaltspunkte, andererseits kann die Dichte an Begriffen und Metaphern auch zu Überforderung führen. Hinzu kommt, dass für das Verständnis gattungsspezifische und biographische Kenntnisse notwendig sind.

*Wortfeldanalyse*

Insgesamt also bietet sich bei diesem Gedicht als Interpretationsansatz eine Wortfeldanalyse an, wobei mit Hilfe von Assoziationsfeldern Schlüsselbegriffe geordnet und für die Interpretation erschlossen werden.

Am Ende werden zwei verschiedene mögliche Schlussteile für einen Interpretationsaufsatz angeboten, welche auf die unterschiedlichen Lesarten dieses Gedichts verweisen.

## Formale Aspekte

- Das Gedicht besteht aus vierzehn fünfhebigen jambischen Versen.
- Die Verse sind in drei, eigentlich vier Strophen eingeteilt: Aus dem Reimschema ABBA, ABBA, CDE, CDE ergeben sich zwei Quartette und zwei Terzette. Somit liegt die Form eines Sonetts vor.

*Sonett in der Tradition Petrarcas*

- Die Sonettform und der inhaltliche Aspekt der unerfüllten Liebe verweisen auf ein Sonett in der Tradition Petrarcas.

## Wortfeldanalyse

Für eine Wortfeldanalyse ist es wichtig, das Gedicht mehrfach gut durchzulesen und sich dabei mit jeder Lektüre zentrale Begriffe herauszustreichen. So ergäbe sich zum Beispiel folgende Liste:

### (a) Begriffe herausschreiben

Kuß (V. 1), Leben (V. 1), eingehaucht (V. 1), gestillet (V. 2), Busens (V. 2), **Schmachten** (V. 2), Dunkelheit (V. 3), **traulich** (V. 3), umnachten (V. 3), **Wonne** (V. 4), Lippe (V. 4), saugt (V. 4), Träume (V. 5), eingetaucht (V. 5), Freuden (V. 7), Glanz (V. 7), Nacht (V. 8), **Balsam** (V. 8), Tag (V. 9), **karg** (V. 9), **liebesüßen** (V. 9), schmerzt (V. 10), Lichtes (V. 10), **eitles** (V. 10), **Prangen** (V. 10), verzehren (V. 11), Sonne (V. 11), Gluten (V. 10), birg' (V. 12), Aug' (V. 12), hüll' (V. 13), Verlangen (V. 13), heilt (V. 14), kühle (V. 14), **Lethes Fluten** (V. 14).

### (b) Assoziationsfelder

Im zweiten Schritt werden für das Verständnis besonders wichtige Begriffe ausgewählt (s. Fettdruck) und in Assoziationsfeldern untersucht (s. Schaubild S. 48–49).

*Thematische Schwerpunkte: »Jenseits-Diesseits« und »Erotik«*

Aus einer solchen möglichen Sammlung von Assoziationen kann nun im Kontext der übrigen herausgesuchten Begriffe eine thematische Ordnung vorgenommen werden. In diesem Gedicht sind zwei thematische Schwerpunkte auszumachen, einerseits die Tendenz zu Inhalten des Jenseits-Diesseits und andererseits erotische Andeutungen.

In den beiden äußeren Spalten der folgenden Tabelle werden die unter (a) gesammelten Begriffe aus dem Gedicht thematisch geordnet. Die mittlere Spalte ordnet wiederum die unter (b) assoziierten Begriffe diesen beiden Themenblöcken zu. Auf diese Weise wird die für die Interpretation wichtige Verbindung zwischen den Assoziationen und den Begriffen aus dem Gedicht hergestellt (s. Schaubild S. 50–51).

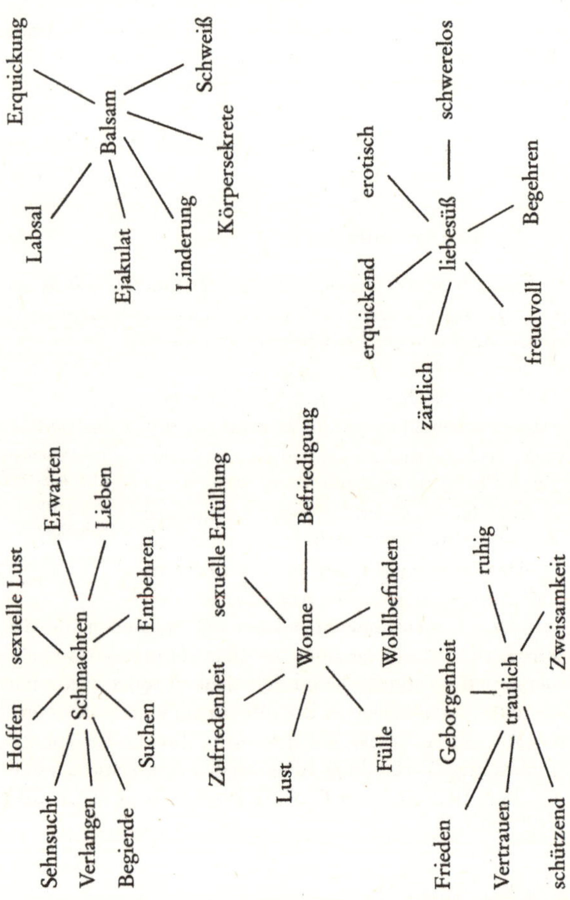
Balsam
Erquickung
Labsal
Ejakulat
Linderung
Körpersekrete
Schweiß
liebesüß
erquickend
erotisch
schwerelos
Begehren
freudvoll
zärtlich
Schmachten
Hoffen
sexuelle Lust
Erwarten
Lieben
Entbehren
Suchen
Begierde
Verlangen
Sehnsucht
Wonne
Zufriedenheit
sexuelle Erfüllung
Befriedigung
Wohlbefinden
Fülle
Lust
traulich
Geborgenheit
ruhig
Zweisamkeit
schützend
Vertrauen
Frieden

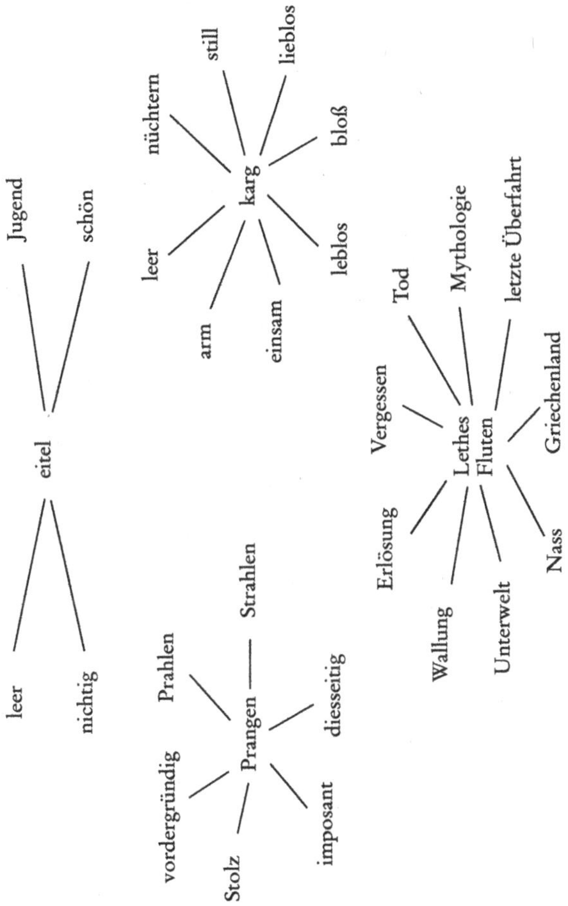
eitel
Jugend
schön
leer
nichtig
karg
leer
nüchtern
still
lieblos
bloß
leblos
einsam
arm
Prangen
Strahlen
Prahlen
vordergründig
Stolz
imposant
diesseitig
Lethes Fluten
Tod
Mythologie
letzte Überfahrt
Griechenland
Nass
Unterwelt
Wallung
Erlösung
Vergessen

| Thema Erotik | Zuordnung der assoziierten Begriffe | | Thema Jenseits – Diesseits |
|---|---|---|---|
| | Schmachten | | Dunkelheit |
| Kuß<br>Leben | Lieben<br>sexuelle Lust<br>Entbehren<br>Verlangen | (Todes-)Sehnsucht<br>Erwarten<br>Suchen<br>Hoffen | umnachten<br>Traum |
| | Wonne | | |
| einhauchen | Lust<br>Erotik<br>sexuelle Erfüllung<br>Wohlbefinden | Zufriedenheit<br>Erfüllung | eintauchen<br>Freuden |
| stillen | Balsam | | Glanz |
| Busen | Erquickung<br>Ejakulat<br>Körpersekrete | Erlösung<br>Labsal | Nacht<br>Balsam |
| | traulich | | |
| Dunkelheit | Geborgenheit<br>Zweisamkeit<br>Vertrauen | Frieden<br>ruhig<br>schützend | hauchen<br>Tag |
| umnachten | karg | | |
| | | | schmerzen |

| | | | |
|---|---|---|---|
| Lippe | lieblos<br>einsam | arm<br>leer<br>nüchtern<br>leblos<br>still | Licht<br>verzehren |
| saugen | liebesüß | | |
| Traum | erquickend<br>zärtlich<br>erotisch<br>Begehren<br>freudvoll | schwerelos<br>erquickend | Sonne<br>Gluten |
| tauchen | eitel | | Auge |
| Nacht | schön<br>Jugend<br>Glanz | vergänglich<br>leer<br>nichtig<br>Glanz | Glanz<br>hüllen |
| | Prangen | | |
| Bergen<br>hüllen | | Prahlen<br>Stolz<br>diesseitig<br>Strahlen<br>imposant | stillen<br>heilen |
| | Lethes Fluten | | Schmerz |
| heilen | Wallung<br>Nass | Unterwelt<br>Erlösung<br>Tod | kühl |

### (c) Auswertung der Wortfeldanalyse

Diese Zusammenstellung zeigt, wie sehr die zentralen Begriffe des Gedichts sowohl ineinander verzahnt als auch gegensätzlich sind und welche Schwierigkeiten sich daraus ergeben können.

So macht der Vergleich des Themas »Liebe« und »Erotik« mit dem Gegensatzpaar »Jenseits-Diesseits« einige begriffliche Überschneidungen deutlich. Charakteristisch für dieses Gedicht ist jedoch gerade diese nicht leicht verständliche Verknüpfung diesseits-orientierter Themen wie Liebe und Erotik mit jenseitigen Bildern.

Der lebensspendende Kuss (V. 1) in der ersten Strophe wird in der zweiten Strophe mit dem Jenseits des Traumes (V. 5) assoziiert. Die ersten beiden Strophen kreisen um die Begriffe Liebe (Kuss), Leben (einhauchen) und Jenseits (Dunkelheit, Traum, Nacht). Dabei bildet die wortspielähnliche Abfolge »Es hat ein Kuß mir Leben eingehaucht« (V. 1), »In Träume war solch Leben eingetaucht« (V. 5) und »Drum leb' ich ewig Träume zu betrachten« (V. 6) das inhaltliche Grundgerüst der beiden Quartette.

Eine Wortfeldanalyse kann zu folgender Deutung des »Traumkusses« führen: einerseits ist er Ausdruck einer starken Sehnsucht nach Liebe und sexueller Befriedigung, andererseits legen nicht wenige Begriffe die Sehnsucht nach Vergessen und nach dem Tode nahe.

*Sehnsucht nach Liebe und sexueller Befriedigung*

*Sehnsucht nach Vergessen und Tod*

Begriffe wie »Schmachten« (V. 2), »traulich« (V. 3), »Wonne« (V. 4) und »Balsam« (V. 8) sind im Kontext von Ausdrücken wie »Kuß« (V. 1), »Busen« (V. 2), »Lippe saugt« (V. 4), »Nacht haucht« (V. 8), »liebesüß« (V. 9),

»stillet Verlangen« (V. 13) und »Fluten« (V. 14) erotisch konnotiert. Nur vor diesem begrifflichen Hintergrund sind sie noch heutzutage als erotische Anspielungen zu verstehen. Mögen Verse wie »Gestillet meines Busens tiefstes Schmachten« (V. 2) in heutigen Ohren auch harmlos klingen, so sind sie für eine junge Dichterin um 1800, eine Frau, das freizügige Zeugnis sexueller Lust. Ist es denkbar, dass schon damals der »süße Balsam«, den »nur die Nacht haucht« (V. 8), als Metapher für die beim Geschlechtsakt entstehenden Körperflüssigkeiten verstanden wurde und sich hinter »liebesüßen Wonnen« (V. 9) das Liebesspiel eines Paares verbarg?

In den Versen 9–14 verleiht die Dichterin dieser Phantasie eine zunehmend düstere Wendung, welche mit dem abschließenden Vergleich »wie Lethes kühle Fluten« (V. 14) eine unerwartete Betroffenheit auslöst.

Die mit Jenseits und Tod assoziierten Begriffe »Dunkelheit« (V. 3), »Nacht« (V. 8) und »Lethes Fluten« (V. 14) lassen das »gestillte Schmachten des Busens« auch wie die »stille« Brust eines Toten und den »süßen Balsam der Nacht« wie das Labsal des Todes nach langem Leiden erscheinen.

Hinzu kommt in beiden Terzetten das Bild des Schmerzes (V. 10, 14), der mit Begriffen der Helligkeit verbunden wird. Der »Schmerz« des Diesseits steht im Kontrast zu den jenseitigen »Traumbildern« der »Nacht«, findet aber bei ebendiesen seine Linderung (V. 13 f.).

Somit schafft die Dichterin eine Verbindung zwischen Liebe und Jenseits, welcher sie die Verknüpfung von Schmerz und Diesseits entgegensetzt. Paradoxerweise vermag daher also ein Kuss, der im Jenseits (»Traum«) angesiedelt ist, Lebenskraft zu spenden. Diese Belebung

(»Leben haucht«) beruht aber vor allem auf der heilenden Wirkung der Nacht, des Jenseitigen, das die Schmerzen des Tages, des Diesseitigen, lindert.

## Zwei Möglichkeiten eines Schlussteils

### Erster Schluss

*Erotische Phantasie und Sehnsucht nach Erlösung*

Entgegen den Erwartungen, die der Titel beim Leser weckt, handelt es sich bei *Der Kuß im Traume* nicht nur um eine sprachlich zum Ausdruck gebrachte erotische Phantasie, sondern auch um ein Bild der Sehnsucht nach Erlösung von den Schmerzen des irdischen Lebens durch den Tod. Durch eine geschickte Wahl assoziationsreicher, mehrdeutiger Begriffe gelingt es Karoline von Günderrode, die widersprüchlichsten Emotionen beim Leser hervorzurufen.

Ausgangspunkt ist ein Kuss, der, charakterisiert durch **düstere romantische Motive** wie Dunkelheit und Nacht, nicht Leben, sondern Tod und damit Heilung bewirkt.

Ihm entgegengesetzt ist der Schmerz, der durch das Tageslicht verkörpert wird. Ein Schmerz, der in der unerfüllten Sehnsucht nach Liebe begründet ist, kann nur in den »Fluten« des mythischen Unterweltflusses des Vergessens geheilt werden.

*Petrarkistisches Motiv der unerfüllten Liebe*

Mit dem Motiv der unerfüllten Liebe und dem Streben nach dem unerreichten Ideal der Harmonie schwingt in diesem Gedicht etwas vom Gedankengut petrarkistischer Dichtung mit, was sich in der klassischen Sonettform bestätigt.

## Zweiter Schluss

*Der Kuß im Traume* der Karoline von Günderrode spiegelt eine tiefe Sehnsucht wider, die eng mit der Vita der Dichterin verwoben ist. Nur wenig Konkretes ist über das Leben der Karlsruher Dichterin bekannt, wohl aber ihre mehrfach enttäuschte Liebe, aus der vermutlich ihre starke Sehnsucht nach Harmonie erwuchs.

*Einbeziehung der Vita der Dichterin*

So war *Der Kuß im Traume* ursprünglich ein Liebesgeständnis an Karl von Savigny, das sie ihm erst vor seiner Hochzeit mit Gunda Brentano im April 1804 in einem Brief mitteilte. Als Günderrode kurze Zeit später den Altertumsforscher Carl Friedrich Creuzer kennen und lieben lernt, entwickelt sich zwar ein enges Freundschaftsverhältnis, doch bleibt auch diese Liebe unerwidert.

*Unglückliche Liebe zu Savigny und Creuzer*

Dass *Der Kuß im Traume* nicht als ein Sehnen nach irdischer Liebe zu interpretieren ist, sondern als Absage an das Leben, an ebendiese Liebe, zu verstehen ist, wird spätestens in der letzten Strophe im Bild der »Fluten der Lethe« deutlich, die in der **griechischen Mythologie** Sinnbild für das **Reich der Toten** sind.

*Absage an das Leben*

Für Karoline von Günderrode wurden die Fluten des Rheins 1806 zur selbstgewählten Erlösung vom irdischen Schmerz.

## 3.6 Wilhelm Müller (1794–1827) *Der Lindenbaum* (1823)

Am Brunnen vor dem Tore,
Da steht ein Lindenbaum:
Ich träumt' in seinem Schatten
So manchen süßen Traum.

Ich schnitt in seine Rinde
So manches liebe Wort;
Es zog in Freud und Leide
Zu ihm mich immer fort.

Ich mußt' auch heute wandern
Vorbei in tiefer Nacht,
Da hab ich noch im Dunkel
Die Augen zugemacht.

Und seine Zweige rauschten,
Als riefen sie mir zu:
Komm her zu mir, Geselle,
Hier findst du deine Ruh!

Die kalten Winde bliesen
Mir grad ins Angesicht,
Der Hut flog mir vom Kopfe,
Ich wendete mich nicht.

Nun bin ich manche Stunde
Entfernt von jenem Ort,
Und immer hör ich's rauschen:
Du fändest Ruhe dort!

Im Hauptteil eines Interpretationsaufsatzes werden alle Einzelheiten, die zum Verständnis des Gedichts begründeterweise beitragen, systematisch zusammengestellt. Wir präsentieren hier für je zwei Strophen eine Stoffsammlung und formulieren anschließend einen möglichen Abschnitt im Hauptteil eines Interpretationsaufsatzes.

*Hauptteil eines Interpretationsaufsatzes*

**Stoffsammlung – Strophe 1–2**

- V. 1–2 im Präsens
- V. 1–2 als knapper Aufriss der Situation und des Ortes: vor dem Stadttor eine Linde mit Brunnen, wo die Bewohner Wasser holen
- Perspektive? Wo steht der Baum? Gehört das lyrische Ich als Bürger zum Ort oder als Wanderer zur Außenwelt?
- Ähnlicher Beginn wie: »In einem kühlen Grunde / Da geht ein Mühlenrad« (Eichendorff: *Das zerbrochene Ringlein,* 1813, vgl. S. 38f.)
- Lindenbaum = Baum der Liebenden und Baum der Freya, der germ. Göttin der Liebenden und der Fruchtbarkeit (möglicherweise literarische Anspielung: *under der linden* Walthers von der Vogelweide)
- V. 3–8: Rückblende im Präteritum
- V. 3–4: Reich des Unbewussten, der Träume, der Phantasie (»träumt'«, »Schatten«, »Traum«)
- V. 5–6: Rückblick auf vergangene Liebe
- V. 7–8: Baum ist Rückzugsort, auch ein Wesen, zu dem das lyrische Ich eine innere Beziehung hat

*Parallele zu Eichendorff*

Ähnlich wie Eichendorff 1813 mit dem Doppelvers »In einem kühlen Grunde / Da geht ein Mühlenrad« hebt Wilhelm Müllers *Der Lindenbaum* – zehn Jahre später geschrieben – mit einem äußerst knappen Aufriss der Situation an. Der »Lindenbaum« rückt in die Mitte des Blicks. Die Ortsbeschreibung lässt allerdings die Blickrichtung offen: Schaut man von innen, so dass sich der Brunnen innerhalb der Stadtmauern befindet, oder schaut man von außen auf das Ensemble von Stadttor, Brunnen und Linde? Die Frage nach der Perspektive ist mit der Frage nach der Zugehörigkeit des lyrischen Ichs verbunden: Handelt es sich um einen Bürger der Stadt oder um einen heimatlosen Wanderer? Wir wissen es nicht.

*Frage nach der Zugehörigkeit*

Stehen die ersten beiden Verse noch im Präsens, folgt von Vers 3 bis Vers 8 eine Rückblende im Präteritum. Der Baum bietet dem lyrischen Ich mit seinem »Schatten« (V. 3) die nötige Atmosphäre, um sich ins Unbewusste zu versenken. Die Vokabeln »träumt'« (V. 3) und »Traum« (V. 4) deuten darauf, dass in der Phantasie nüchterne Realität und hoffnungsvolle Vision verschmelzen.

*Baum der Liebenden*

Die Linde ist Baum der germanischen Göttin Freya, der Göttin der Liebenden und der Fruchtbarkeit. Wie in dem berühmten Gedicht *under der linden* Walthers von der Vogelweide ist die Linde also erotisch konnotiert. Zu Beginn der zweiten Strophe wird diese Assoziation aktiviert, indem das lyrische Ich früherer Zeiten gedenkt, in denen es seine Liebesbekundungen in die Rinde des Baumes ritzte.

Der Lindenbaum ist aber mehr als bloßer »Schattenspender«. In den Versen 7–8 zeigt sich, dass er vom lyrischen Ich als Rückzugsort angesehen wird, ja geradezu als ein befreundetes Wesen, mit dem es seit Jahren »Freud und Leide« teilt.

**Stoffsammlung – Strophe 3–4**

- V. 9 bringt erstmals Bewegung, Beginn des Wanderns
- »heute« – jüngste Vergangenheit im Präteritum
- Wandermotiv, Wanderschaft als Metapher der Lebensreise
- nicht freiwillig, sondern Zwang zum Wandern
- Ursache und Ziel der Wanderung unklar
- Flucht vor bürgerlichen Konventionen
- V. 10: Die Linde wird »in tiefster Nacht« passiert
- V. 11: »Dunkel« als Symbol der Orientierungslosigkeit bzw. Wunsch nach Neuorientierung
- V. 11–12: Lyr. Ich will den Lindenbaum nicht sehen
- Konj. II »riefen« markiert bloße Vorstellung
- V. 15–16: Lockruf des Baumes im Präsens
- Ruhe = Ruhe im Tod, Todessehnsucht, Selbstmordabsicht

*Wandermotiv und Lebensreise*

In der dritten Strophe kommt erstmals Bewegung auf. Das lyrische Ich ist zu einer Wanderung aufgebrochen und passiert den Lindenbaum »in tiefer Nacht« (V. 10). Bedrückend wirkt, dass Ursache, Ausgangspunkt und Ziel des Wanderns unklar bleiben, ja, dass sogar ein innerer Zwang zur Wanderschaft zu bestehen scheint, wie das »mußt'« in V. 9 betont. Dass das Wandermotiv hier als Metapher für die Lebensreise auftritt, wird sich später noch erweisen. Aber schon hier ist der Wunsch nach neuer Orientierung auf dem

Lebensweg im »Dunkel« der inneren Orientierungslosigkeit enthalten (V. 11), das sich vom Licht der Religion bzw. der Aufklärung abgewendet hat.

Auf die Vertrautheit und das Verständnis des Baumes will sich das lyrische Ich nicht einlassen (V. 12). Es fürchtet offenbar seinen Lockruf, der in direkter Rede geheimnisvoll aus den Zweigen dringt (V. 13), den Wanderer vertraulich anredet (V. 15) und ihm »Ruh« verheißt (V. 16). Hier ist aber nicht Schlaf und Erholung gemeint, sondern Ruhe im Tod. Die Lockung spricht die Todessehnsucht an, in der möglicherweise eine Selbstmordabsicht mitschwingt (Erhängen am Baum). Durch das »riefen« im Konjunktiv II (V. 14) wird allerdings deutlich, dass diese Wahrnehmung lediglich der Vorstellungswelt des Wanderers angehört.

*Todessehnsucht*

**Stoffsammlung – Strophe 5–6**

- V. 17 f.: »Die kalten Winde« markieren feindliche Lebensumstände.
- V. 19: Mit dem »Hut« geht die bürgerliche Kopfbedeckung verloren. Der Wanderer ist demnach von der bürgerlichen Gesellschaft entfremdet.
- V. 20: Der Wanderer hebt den Hut absichtlich nicht auf, sondern setzt seinen Weg unbeirrt fort.
- V. 21 f.: ab hier Gegenwart, gegenüber »heute« (V. 9) späteres Stadium, da »manche Stunde / Entfernt«
- V. 22: deutlicher Abstand »von jenem Ort«, dem Lindenbaum
- V. 23: Der Lockruf ist dem lyrischen Ich allgegenwärtig.
- V, 23 f.: keine direkte Rede, offenbar spricht hier die innere Stimme

- Konj. II »fändest« markiert abermals bloße Vorstellung.
- V. 24: »dort« kontrastiert mit »hier« in V. 16.

Der Beginn der fünften Strophe markiert einen deutlichen Einschnitt im Gedicht. Das lyrische Ich empfindet die »kalten Winde« als eine feindliche Lebensumgebung (V. 17 f.). Der »Hut« in V. 19 deutet auf die gesellschaftlich gehobene Stellung des Trägers hin, sein Verlust auf die Entfremdung von der bürgerlichen Gesellschaft. Der Wanderer hebt den Hut bewusst nicht auf, das heißt, er widersetzt sich den bürgerlichen Konventionen (V. 20). Wenn nun diese Wanderung als Lebensreise oder als Reise zu sich selbst begriffen wird, dann bedeutet dies, dass sich das lyrische Ich allen Widerständen zum Trotz seinen eigenen, individuellen Weg bahnen möchte und sich weder an den üblichen gesellschaftlichen Normen orientieren noch den latenten Selbstmordgedanken erliegen will.

*Entfremdung von der bürgerlichen Gesellschaft*

*Suche nach Individualität*

In der letzten Strophe kommen wir endgültig in der Gegenwart an, die beiden Verben in V. 21 und 23 stehen im Präsens. Der Lindenbaum liegt »manche Stunde« zurück, womit ein deutlicher Abstand zum »heute« aus V. 9 gegeben ist, auch das letzte Wort »dort« (V. 24) gegenüber »Hier« (V. 16) weist darauf hin. Der Wanderer sieht im »süßen Traum« (V. 4) von früher keine Hoffnungen mehr, er schreitet tapfer gegen die »kalten Winde« voran. Auch die innere Stimme, die im Konjunktiv II die vertraute Todessehnsucht im Stillen wiederholt, findet kein Gehör. Auf diese Weise gibt *Der Lindenbaum* Zeugnis von der einsamen und beschwerlichen Suche nach dem individuellen Weg auf der Lebenswanderschaft.

Im Schlussteil des Interpretationsaufsatzes könnte man thematisieren, dass der Eindruck eines naiven Liedchens, der durch die scheinbar sentimentalen Anfangsverse und durch die schlichte Volksliedstrophe erweckt wird, zu der ernsten Aussage des Gedichts deutlich im Widerspruch steht.

*Franz Schuberts Vertonung der »Winterreise«*

Man könnte auch darauf zu sprechen kommen, dass *Der Lindenbaum* Teil des Gedichtzyklus *Die Winterreise* ist, den Wilhelm Müller in den Jahren 1823–1824 veröffentlichte und in dessen größerem Rahmen das Gedicht eine erweiterte Bedeutung erhält. Franz Schubert hat aus diesen Gedichten einen Liederzyklus zusammengestellt und vertont, wodurch *Der Lindenbaum* weltweit berühmt geworden ist.

## 3.7 Joseph von Eichendorff (1788–1857) *Mondnacht*

Es war, als hätt' der Himmel
Die Erde still geküßt,
Daß sie im Blüten-Schimmer
Von ihm nun träumen müßt'.

Die Luft ging durch die Felder,
Die Ähren wogten sacht,
Es rauschten leis die Wälder,
So sternklar war die Nacht.

Und meine Seele spannte
Weit ihre Flügel aus,
Flog durch die stillen Lande,
Als flöge sie nach Haus.

Am Beispiel des Gedichts *Mondnacht* von Joseph von Eichendorff soll hier eine Gesamtinterpretation in Form eines Interpretationsaufsatzes durchgeführt werden. Es ist klar, dass eine solche Interpretation nur die zentralen Gesichtspunkte des Gedichts herausstellen kann, sie erhebt keinerlei Anspruch auf Vollständigkeit. Die Interpretation kann nicht als Maßstab für einen Schüleraufsatz dienen, sie soll vielmehr eine Orientierungshilfe im Umgang mit diesem Gedicht sein.

*Gesamtinterpretation*

Eine mögliche Interpretation von Eichendorffs *Mondnacht* könnte also wie folgt lauten:

Das zwischen 1830 und 1837 entstandene Gedicht *Mondnacht* von Joseph von Eichendorff gehört zu den wohl bedeutendsten Werken der romantischen Lyrik, da es in Form und Inhalt den Geist der Bewegung auf besondere Weise widerspiegelt. Es ist Ausdruck einer tiefen Sehnsucht nach Harmonie und Freiheit und vereint zentrale Gedanken und Motive der Romantik.

*Harmonie und Freiheit*

Das Bild der Mondnacht mit den die Natur verkörpernden Elementen »Himmel« und »Erde« sowie »Wälder« und »Felder« legt eine Zuordnung zur Naturlyrik nahe, auch wenn, wie etwa im ›Himmelskuss‹ oder im ›Seelenflug‹, religiöse Motive enthalten sind. Zugleich wird mit dem Begriff der »Mondnacht« ein wichtiges Motiv der romantischen Kunst aufgegriffen. Die Nacht als Verkörperung des Finsteren und Undurchschaubaren bildet den symbolischen Gegenpol zur ›hellen‹ Aufklärung. Das Licht der Sterne und des Mondes

*Naturlyrik und religiöse Lyrik*

mildert die negative Konnotation ab und verleiht dem nächtlichen Dunkel Geborgenheit, aber auch Empfindsamkeit sowie Raum für Phantasie.

Der Titel »Mondnacht« soll also noch vor der ersten Lektüre bestimmte **Assoziationen** wecken, die den Leser auf das Gedicht einstimmen und die Kulisse für das lyrische Geschehen bilden. So steht die Mondnacht etwa für eine besonders anrührende Stimmung, die Auslöser für große Empfindungen, von erwartungsvoll-sehnsüchtigen Gefühlen bis hin zur Schwermut, sein kann.

*Personifizierter Himmel*

Die erste Strophe, die in Form eines hypothetischen Vergleichs eine Stimmungsbeschreibung versucht, kreist um die Begriffe Himmel und Erde sowie Traum und Liebe. Gleich einem Liebenden scheint der personifizierte Himmel, Symbol unendlicher Freiheit und Geborgenheit zugleich, die Erde zu umfassen: »Es war als hätt' der Himmel / Die Erde still geküßt« (V. 1 f.). Die Erde, die traditionell Fruchtbarkeit und damit auch Weiblichkeit verkörpert, bildet eine Einheit mit dem Himmel. Diese harmonische Geschlossenheit von »Himmel« und »Erde« spiegelt sich in der inhaltlichen Abfolge der Strophen wider: Die erste und dritte Strophe umschließen mit ihrer Himmelsthematik die zweite Strophe, die das inhaltliche Augenmerk auf die Erde richtet.

*Gleichmäßiger Rhythmus, Jambus, Kreuzreim*

Auch der gleichmäßige Rhythmus des Jambus und die Regelmäßigkeit des Kreuzreims unterstreichen den harmonischen Charakter des Gedichts. Die Umarmung des Himmels ist als Metapher der Liebe zu verstehen, die jedoch auf mehreren Ebenen ausgedeutet werden kann. Daher steht der Himmelskuss nicht nur als Symbol für die Liebe zwischen Mann und Frau, sondern enthält auch einen religiös-philosophischen Aspekt: Die Zuwendung des Göttlichen zum Irdischen, abstrakt gesehen, die Berührung von Idee und Gestalt, von Oben und Unten.

Diese Liebe wird von der Erde erwidert, die sie im Traum reflektiert: »Daß sie im Blüten-Schimmer / Von ihm nun träumen müßt'« (V. 3 f.). Der »Blüten-Schimmer«, eine Wortschöpfung des Dichters, wird zum Sinnbild dieser Reflexion im Traum. Die Blüten vermitteln das Bild der Reinheit, der jungen Natur und des Frühlings.

*Modus irrealis*

Doch geht von ihnen ein Schimmer aus, der unnatürlich wirkt und alles unwirklich erscheinen lässt. Dabei wird dieser Eindruck durch die Verwendung des Modus irrealis verstärkt (»als hätt' …«, V. 1). Das lyrische Ich beschreibt also keinen Vorgang, der in der Realität stattgefunden hat, sondern der Teil seiner Vorstellungskraft, seiner Phantasie ist und einer tiefen Sehnsucht entspringt. Der irreale Konjunktiv vermittelt das Subjektive dieser Empfindung des lyrischen Ichs.

In der zweiten Strophe vollzieht sich ein **Perspektivwechsel.** In Gestalt eines leichten Lufthauches kommt der Himmel auf die Erde, die nun im Mittelpunkt steht: »Die Luft ging durch die Felder« (V. 5). »Der Himmel auf Erden« lautet eine Redewendung, die hier in lyrischer Form wiedergegeben wird und die Ausdruck eines Glückszustands, einer Zufriedenheit und Ruhe ist. Die Natur, die durch den Lufthauch belebt wird, ist Spiegelbild des irdischen Friedens: »Die Ähren wogten sacht, / Es rauschten leis die Wälder, / So sternklar war die Nacht« (V. 6 ff.). Die Berührung der Erde durch den Lufthauch ist von einer besonderen Zartheit und Sanftheit geprägt, die in den Adverbien »sacht« und »leis« zum Ausdruck kommt. Die Bewegung, welche die »Luft« auf der Erde auslöst (»wogten«, »rauschten«), ist Sinnbild des Lebens und erklärt womöglich den Gebrauch des **Indikativs**, der Wirklichkeitsform. Gedanklich jedoch schließt sich diese Bewegung an den ›Himmelskuss‹ der ersten Strophe an und setzt somit den Irrealis indirekt fort. Die Natur, verkörpert durch die Ähren und Wälder, bedarf des Leben spendenden Atems des Himmels, der in diesem Zusammenhang auch als Metapher für Gott verstanden werden kann.

*Aufwärtsbewegung*

Innerhalb der zweiten Strophe ist eine Aufwärtsbewegung festzustellen, die mit der leichten Berührung der Felder, dem Wogen der Ähren, beginnt und dann immer höher steigt in die Wipfel der Wälder, bis sie die Erde verlässt und den gedanklichen Bogen zu den Sternen schlägt.

*Liebe und Harmonie*

*Inhaltliche Weitung*

Dieser inhaltliche Aufstieg bildet den Übergang in die dritte Strophe. In dieser letzten Strophe wird ein weiteres Element in die Einheit von Himmel und Erde aufgenommen: das lyrische Ich, der Mensch bzw. dessen von Schwerkraft und Materie befreite Seele. Das lyrische Ich, welches erstmals direkt in Erscheinung tritt, löst sich nun von seiner natürlichen Bodenständigkeit und gleitet – im Traum – als körperloses Wesen durch die Nacht: »Und meine Seele spannte / Weit ihre Flügel aus« (V. 9 f.). Die Seele öffnet sich der Weite des Himmels, der für sie Geborgenheit und Freiheit, Unendlichkeit und Erfüllung, Liebe und Harmonie, Ausgangs- und Zielpunkt zugleich bedeutet. Diese inhaltliche

Weitung spiegelt sich formal im Enjambement (Zeilensprung) des 9. und 10. Verses wider: Der Satz wird ohne Einschnitt am Versende fortgesetzt. Im letzten Vers schließt sich der Kreis, und die gedankliche Reise des lyrischen Ichs endet dort, von wo sie ausgegangen ist: »Als flöge sie nach Haus« (V. 12). »Nach Haus« ist mit dem »Himmel« der ersten Strophe gleichzusetzen.

Mit dem Seelenflug »durch die stillen Lande« (V. 11) wird der Gedanke der Transzendenz in das Gedicht eingebunden. Diese Grenzüberschreitung ins Metaphysische befreit das Sein von der Materie und richtet den Blick auf das Leben nach dem Tod.

*Seelenflug und Transzendenz*

In der dritten Strophe greift der Dichter nicht nur inhaltliche, sondern auch sprachliche Aspekte der ersten Strophe wieder auf. So korrespondieren etwa »Himmel und Erde« aus der ersten Strophe mit dem »Seelenflug durch die stillen Lande«. Auf sprachlicher Ebene wird der Konjunktiv wieder aufgenommen. Ebenso wie in der ersten Strophe drückt der Konjunktiv das Irreale des Geschehens aus und betont das Sehnsuchtsmotiv.

Der Sehnsuchtsgedanke ist ein prägendes Motiv der Gefühlswelt der Romantiker und entsprang dem Gefühl der Fremdheit in der Gesellschaft und im Leben. Eichendorff fügt diesen Gedanken, das Sehnen nach Heimkehr, nach Harmonie, nach Öffnung und Weite in das Bild der Vereinigung von Himmel und Erde ein. Auch wenn diese Vereinigung sich nur im Traume (in) einer Mondnacht vollzieht, verliert der Gedanke daran nichts von seiner visionären Kraft.

Die Kraft, welche von diesem schlichten Gedicht ausgeht,

hat über die Literatur hinaus ihre Wirkung getan und regte beispielsweise Robert Schumann 1840 zur Vertonung der *Mondnacht* an. Vermutlich ist es aber gerade diese Schlichtheit von Form und Sprache, die dem Inhalt Raum gibt, auf den Leser zu wirken und bis heute zu beeindrucken.

*Schlichtheit von Form und Sprache*

## 3.8 Novalis (1772–1801)
## *Wenn in bangen trüben Stunden* (1800)

Wenn in bangen trüben Stunden
Unser Herz beinah verzagt,
Wenn von Krankheit überwunden
Angst in unserm Innern nagt;
Wir der Treugeliebten denken,
Wie sie Gram und Kummer drückt,
Wolken unsern Blick beschränken,
Die kein Hoffnungsstrahl durchblickt:

O! dann neigt sich Gott herüber,
Seine Liebe kommt uns nah,
Sehnen wir uns dann hinüber
Steht sein Engel vor uns da,
Bringt den Kelch des frischen Lebens,
Lispelt Mut und Trost uns zu;
Und wir beten nicht vergebens
Auch für die Geliebten Ruh.

In der Schule wird zumeist der werkimmanente Interpretationsansatz verfolgt, der einen Text aus sich selbst heraus zu verstehen sucht. Zugrunde liegt die Auffassung, dass der literarische Text ein autonomes, in sich abgeschlossenes Kunstwerk sei, das ohne alle äußeren Faktoren grundsätzlich verständlich sei. In der Schule wird dieser Ansatz bevorzugt, weil er kaum zusätzliche Kenntnisse voraussetzt. Besonders für Klassenarbeiten werden oftmals Texte ausgewählt, die ohne Vorwissen verständlich sind.

*Werkimmanenter Interpretationsansatz*

Die produktionsästhetischen Interpretationsverfahren setzen dagegen ein Wissen davon voraus, unter welchen Bedingungen ein Werk entstanden ist. Hier geht es um biographische, psychologische, historische, politische, soziologische oder geistes- und literaturgeschichtliche Gegebenheiten, die sich auf die Entstehung eines Textes ausgewirkt haben und die demzufolge in das literarische Werk eingeflossen sind.

*Produktionsästhetisches Interpretationsverfahren*

Man kann das Gedicht *Wenn in bangen trüben Stunden* selbstverständlich werkimmanent interpretieren, indem man beispielsweise die konditionale Wenn-dann-Struktur, die Gliederung in Klage und Trost, das Bibelzitat in Vers 12–13 (Lk. 22,43) in den Blick nimmt usw. Hier soll nun gezeigt werden, dass man weitere Bedeutungsdimensionen erschließen kann, wenn man die Bedingungen der Entstehung des Werkes betrachtet.

*Konditionalgefüge*

## Biographischer Interpretationsansatz

Georg Philipp Friedrich Freiherr von Hardenberg wurde 1772 auf Schloss Oberwiederstedt bei Mansfeld im heutigen Sachsen-Anhalt als zweites von elf Kindern geboren. Sein Vater, Direktor eines Salzbergwerks, war ein strenger Pietist, das heißt Anhänger einer besonders frommen, reformorientierten Strömung innerhalb der evangelischen Kirche, die einen vertieften individuellen Glauben durch Gebet und Bibelstudium anstrebt.

Nach seiner Schulbildung nahm Friedrich von Hardenberg ab 1790 an den Universitäten in Jena, Leipzig und Wittenberg ein Studium der Jurisprudenz, Mathematik und Philosophie auf, in dessen Verlauf er auch Schillers Geschichtsvorlesung hörte. 1794 legte er ein sehr gutes juristisches Examen ab. Als Verwaltungsbeamter in verschiedenen Positionen tätig, verlobte er sich heimlich mit der dreizehnjährigen Sophie von Kühn. Etwas mehr als zwei Jahre später stirbt 1797 die zutiefst geliebte Braut nach langer, schwerer Lungenkrankheit – für Hardenberg ein Wendepunkt in seinem Leben. Seither wünscht er, der Geliebten »nachzusterben«, das heißt, sich geistig in jenen übersinnlichen Bereich zu versetzen, in dem er ihre Seele nach dem Tode vermutete.

*Liebe zu Sophie von Kühn*

Durch dieses Erlebnis und die zum Tode führende Erkrankung seines Lieblingsbruders Erasmus erwacht bei ihm eine intensive, geradezu schwärmerische Religiosität. Er vertieft sich in eine Vielzahl von religiösen und philosophischen Schriften und prägt eine individuelle romantische Frömmigkeit aus.

Es gibt Anzeichen dafür, dass im Sommer 1798 auch bei Hardenberg, der sich in seinen Veröffentlichungen nun Novalis nennt, die Tuberkulose ausbricht. Im Frühjahr des Jahres 1800 verschlechtert sich sein Gesundheitszustand, im Sommer wird von »Blutspeyen« berichtet. Zu dieser Zeit entstehen seine *Geistlichen Lieder*, darunter das Gedicht *Wenn in bangen trüben Stunden*. Im Herbst brechen seine Aufzeichnungen ab, der große Roman *Heinrich von Ofterdingen* bleibt Fragment. Am 25. März 1801 stirbt Novalis im völligen inneren Frieden 28-jährig an Schwindsucht, wie man die Tuberkulose damals nannte. Die Veröffentlichung der meisten seiner Werke erfolgte nach seinem Tode.

*Tuberkulose*

Es liegt nah, dass diese biographischen Ereignisse in das lyrische Ich des Gedichts *Wenn in bangen trüben Stunden* eingeflossen sind. Die Krankheit Sophies, des Bruders, Novalis' eigene Krankheit spiegeln sich sicherlich in den schmerzlichen Versen der ersten Strophe. Sophie und der Lieblingsbruder Erasmus sind wohl auch gemeint, wenn – im Plural – »der Treugeliebten« gedacht (V. 5) und »für die Geliebten« gebetet wird (V. 16). Die Frömmigkeit der zweiten Strophe wurzelt in Novalis' eigener Spiritualität, die aus einem individuellen, überaus bildreichen inneren Glaubenserlebnis erwächst und über die er in vielen Briefen, Notizen und Tagebucheinträgen Auskunft gegeben hat.

*Frömmigkeit und Spiritualität*

## Geistes- und literaturgeschichtliche Interpretation

Das Gedicht *Wenn in bangen trüben Stunden* ist in der Sammlung der *Geistlichen Lieder* enthalten, durch die Novalis ein »neues geistliches Gesangbuch« begründen wollte, wie er selbst schrieb. Sie stehen damit in einer Tradition der protestantischen Kirchenlieddichtung, die bis auf Paul Gerhardt und Martin Luther zurückgeht.

*Göttliche Offenbarung versus menschliche Vernunft*

Im 18. Jahrhundert mussten die christlichen Kirchen auf die Ideen der Aufklärung reagieren. Im Kern ging es um die Frage, wie göttliche Offenbarung und menschliche Vernunft miteinander in Einklang zu bringen seien, was eine enorme theologische Diskussion in Gang setzte.

Im protestantischen Bereich entfaltete sich auch eine reiche Kirchenlieddichtung, welche den neuen Gedanken der Aufklärungstheologie in praxi Ausdruck verlieh. Friedrich Gottlieb Klopstock veröffentlichte in den Jahren 1758 und 1769 zwei Bände mit *Geistlichen Liedern*, die Novalis nachweislich kannte. Er kommentierte auch Christian Fürchtegott Gellerts *Geistliche Oden und Lieder* von 1757 sowie Johann Kaspar Lavaters *Christliche Lieder*, die in zwei Bänden 1776 und 1780 erschienen. Novalis schrieb zu den »Lavaterschen Liedern« am 18. Juni 1799: »Die Lieder müssen weit lebendiger, inniger, allgemeiner und mystischer seyn.« Am selben Tag notiert er: »Lektüre von Dr. Luthers Schriften. *Einfach* müssen die Lieder und Predigten seyn und doch hoch poëtisch.«

*Einfachheit und Poesie*

Schon diese beiden Zitate zeigen, dass sich Novalis intensiv mit evangelischen Kirchenliedern auseinandergesetzt hat. Es sind auch die beiden Hauptmerkmale genannt, die ihm wichtig waren: Einfachheit und Poesie. Variabel im Strophenbau, aber einfach und schlicht im sprachlichen Duktus, künden Novalis' *Geistliche Lieder* von einem zutiefst subjektiven Glaubenserlebnis, in dem

Spiritualität und Poesie vollständig ineinanderfließen. Somit sind sie leicht verständlich, die religiöse Empfindung kann unmittelbar lebendig werden. Darin gleichen sie den Kirchenliedern von Paul Gerhardt, dem bedeutendsten Dichter evangelischer Kirchenlieder, der 150 Jahre vor Novalis gelebt hat.

Es sei nochmals ausdrücklich darauf hingewiesen, dass solche produktionsästhetischen Interpretationsansätze wie die hier angedeuteten die werkimmanente Interpretation lediglich ergänzen. Eine gründliche Textanalyse zur Vorbereitung ist also weiterhin notwendig. Aber biographische und historische Kenntnisse können den Blick auf ein Werk erheblich erweitern. In einem Interpretationsaufsatz ist der Schlussteil der Ort für eine solche Erweiterung des Horizonts.

## 3.9 Heinrich Heine (1797–1856) *Ich weiß nicht, was soll es bedeuten* (1824)

Ich weiß nicht, was soll es bedeuten,
Daß ich so traurig bin;
Ein Märchen aus alten Zeiten,
Das kommt mir nicht aus dem Sinn.

Die Luft ist kühl und es dunkelt,
Und ruhig fließt der Rhein;
Der Gipfel des Berges funkelt
Im Abendsonnenschein.

Die schönste Jungfrau sitzet
Dort oben wunderbar,
Ihr goldnes Geschmeide blitzet,
Sie kämmt ihr goldenes Haar.

Sie kämmt es mit goldenem Kamme,
Und singt ein Lied dabei;
Das hat eine wundersame,
Gewaltige Melodei.

Den Schiffer im kleinen Schiffe
Ergreift es mit wildem Weh;
Er schaut nicht die Felsenriffe,
Er schaut nur hinauf in die Höh.

Ich glaube, die Wellen verschlingen
Am Ende Schiffer und Kahn;
Und das hat mit ihrem Singen
Die Lore-Ley getan.

*Heine als Vertreter des »Jungen Deutschland«*

In unserer Auswahl romantischer Dichter stellt Heinrich Heine in gewisser Weise einen Außenseiter dar. Zwar weisen die meisten seiner Dichtungen einen deutlichen Bezug zur Romantik auf, dennoch wird Heine eigentlich zur literarischen Epoche des »Jungen Deutschland« gezählt, einer Bewegung junger, liberal gesinnter Dichter, die in der politisch aufgeheizten Phase des »Vormärz« (1820–1850) publizierten.

Sein literarisches Schaffen ist jedoch keineswegs auf diese Epoche beschränkt, liegen seine literarischen Wurzeln doch eindeutig in der Romantik, wie sein lyrisches Frühwerk, vor allem das *Buch der Lieder* von 1827, beweist. Heine selbst betrachtete sich als letzten romantischen Dichter und späteren Überwinder der Romantik. Er entwickelte eine zunehmende Distanz zur romantischen Bilderwelt, die er bald als verklärt und realitätsfern ansah und verspottete. Charakteristischer Ausdruck seiner Abkehr vom Romantischen ist die **Ironie**, mit der er sich romantischer Stilmittel bedient, um sie auf satirische Weise als inhaltsleer zu entlarven. Bisweilen lässt seine Dichtung aber auch eine gewisse Wehmut und Trauer angesichts des unüberwindbaren Bruchs mit der Romantik erkennen.

*Überwindung der Romantik*

Sein berühmtes Gedicht *Ich weiß nicht, was soll es bedeuten*, besser bekannt als »Loreley«, steht in Form und Inhalt in direkter Tradition der Romantik. Doch nicht umsonst beginnt das Gedicht mit dem Vers »Ich weiß nicht, was soll es bedeuten«: So bieten sich nämlich gleich mehrere Interpretationsmöglichkeiten dafür an. Welcher Schmerz also verbirgt sich hinter der Melancholie dieses Gedichts?

Im Vordergrund des folgenden Interpretationsansatzes steht die Ausdeutung des Gedichts. Anhand von verschiedenen Schlüssen soll seine Deutungsbandbreite aufgezeigt werden.

## Form

Sechs Volksliedstrophen zu je vier Versen: jambischer Dreiheber mit Füllungsfreiheit, abwechselnd weibliche und männliche Kadenzen, Kreuzreim.

| Verse | Inhalt | Formale Besonderheiten |
|---|---|---|
| 1–4 | Das lyrische Ich beginnt, ein Märchen aus vergangenen Zeiten zu erzählen, das es so traurig stimmt, dass es dieses nicht vergessen kann. | Das Gedicht beginnt mit einer indirekten Frage: »Ich weiß nicht, was soll es« (V. 1); syntaktischer Bruch: statt »was es bedeuten soll« heißt es »was soll es …« |
| 5–8 | Lokalisierung des Märchens: ein Felsen am Rheinufer | Erzählung im Präsens |
| 9–12 | Eine schöne Jungfrau sitzt auf dem Felsen und kämmt ihr Haar. | Anapher am Strophenübergang: »Sie kämmt« (V. 12 f.) |
| 13–16 | Sie singt ein eindrucksvolles Lied. | |
| 17–20 | Ein Rheinschiffer hört ihr ergriffen zu, ohne die gefährlichen Felsen zu beachten. | Anapher: »Er schaut« (V. 19 f.) |
| 21–24 | Das lyrische Ich beendet das Märchen: der Schiffer geht unter; als Ursache wird die Lore-Ley genannt. | Das Gedicht endet, wie es begonnen hat, mit einer Äußerung des Zweifels des lyrischen Ichs: »Ich glaube« (V. 21); Zeitenwechsel in V. 23 von Präsens zu Perfekt |

## Werkimmanente Interpretationsschlüsse

### Deutungsansatz »Verführerin und Femme fatale«

Die erste Deutungsebene bleibt sehr nahe am Text und stützt sich vor allem auf das vom lyrischen Ich erzählte »Märchen«. Die Funktion des lyrischen Ichs als Erzähler wird hierbei nicht berücksichtigt.

Zweifelsohne diente als Vorlage zu diesem »Märchen« der von Clemens Brentano mehr oder weniger frei erfundene Mythos der »Lureley«, den dieser 1801 in der Ballade *Zu Bacharach am Rheine ...* erstmals dichterisch verarbeitete (vgl. UB 8669, S. 49–52). Vor dem Hintergrund dieses Mythos' wäre die Deutung der Loreley-Figur als Femme fatale denkbar, die aus betrogener Liebe Rache nimmt, indem sie die Männer durch ihren Gesang und ihre Schönheit betört und dadurch ins Verderben stürzt.

*Motiv der Femme fatale*

Bei Heine bleibt die Vorgeschichte der Rache jedoch unerwähnt, so dass nur das Motiv der Verführung enthalten ist. Welche »wundersame, / gewaltige Melodei« (V. 15 f.) die Loreley singt und warum sie damit den Schiffer in den Tod treibt, geht nicht direkt aus dem Text hervor. Doch wird die Verführerin Loreley am Ende des Gedichts als Verursacherin des Schiffbruchs genannt, womit das Motiv der Femme fatale erkennbar wird.

Beide Motive haben eine lange Tradition in der Literaturgeschichte. Besonders nahe liegt der Vergleich mit den *Sirenen* der griechischen Mythologie. Diese Mischwesen aus Frau und Vogel betören laut der Sage vorbeifahrende Seeleute mit ihrem Gesang und bringen ihnen Verderben.

Heine greift in diesem Gedicht also das alte Motiv der

Verführerin als »Märchen aus alten Zeiten« (V. 3) auf und verarbeitet zugleich einen in seiner Entstehung typisch romantischen Mythos. Dass das »Märchen« der Loreley womöglich frei erfunden ist, entspricht insofern der romantischen Idee, als darin die Suche nach Volkstum und die Begeisterung für Volksliedgut und Volkssagen zum Ausdruck kommen. Mit diesem Wissen kann Heines »Loreley« also auch als Fortführung dieser romantischen Idee des Kunstmärchens verstanden werden.

*Idee des Kunstmärchens*

### Deutungsansatz »Macht der Natur«

In Ergänzung zur obigen Interpretation sei als weitere Deutungsmöglichkeit die Loreley als Bild für die Macht der Natur genannt. So wäre es denkbar, den Gesang der Loreley auf das offenbar früher existierende, sechsfache Echo am Loreleyfelsen zu beziehen, das die Rheinschiffer möglicherweise in die Irre führte. Allerdings liegen für eine solche Deutung zu wenige Belege im Text vor, so dass sie höchstens am Rande eines weitergefassten Deutungsansatzes erwähnt werden, jedoch nicht alleine stehen sollte.

### Biographischer Deutungsansatz

Heinrich Heines Auseinandersetzung mit dem Loreley-Mythos lässt neben den oben gezeigten werkimmanenten Deutungsansätzen auch eine biographische Deutung zu. So wäre es denkbar, dass Heine mit dem Gedicht über die Verführerin Loreley seine unglückliche Liebe zu seiner Cousine Amalie

*Liebe zu Amalie*

Heine, spätere Friedländer, verarbeitete. Als der junge Heine 1816 zu seinem Onkel Salomon Heine nach Hamburg kam, um dort eine kaufmännische Ausbildung zu beginnen, verliebte er sich in seine drei Jahre jüngere Cousine, ohne jedoch auf Gegenliebe zu stoßen. Das zunehmend als unangenehm empfundene Verhältnis zur Hamburger Familie veranlasste ihn 1819 dazu, Hamburg zu verlassen und in Berlin ein Studium der Rechtswissenschaften aufzunehmen.

Die »Loreley« ist Teil des Gedichtzyklus' *Die Heimkehr* (1823–1824), der zusammen mit anderen Gedichtzyklen im *Buch der Lieder* veröffentlicht wurde, in dem wahrscheinlich einige Gedichte Amalie gewidmet sind.

Diese Deutung ist jedoch sehr fraglich, da es keine konkreten Hinweise dafür gibt und Heine sich zudem schon seit Amaliens Heirat mit dem Gutsbesitzer John Friedländer im Jahre 1821 zunehmend von seiner Cousine distanzierte.

## Literaturgeschichtlicher Deutungsansatz

*Abgesang auf die Romantik*

Betrachtet man die »Loreley« vor dem Hintergrund von Heines literarischer Entwicklung, so drängt sich die Deutung dieses Gedichts als Abgesang auf die Romantik auf.

Die schöne, aber gesichtslose Jungfrau auf dem Felsen wird zur Metapher für die literarische Romantik, an der die Dichter, die sich ihr verschrieben haben, letztlich scheitern müssen und untergehen. Zweifel und Trauer angesichts eines »Märchens«, das schon wenige Jahre nach seiner Entstehung veraltet wirkt, deuten den Bruch mit dieser literarischen Strömung an. Zunächst aber sind die Bilder der ›Abenddämmerung‹ nichts weiter als die Prophezeiung eines nahen Endes, die noch keine Wertung enthält. Erst die eindringliche Schilderung der Jungfrau als eitle und selbstverliebte, aber trotz ihres wortgewaltigen Liedes nichtssagende Schönheit verdeutlicht die Kritik. Der Schiffer-Poet verliert das scharfe Felsenriff ›Realität‹ aus den Augen, indem er sich einer, der Vergänglichkeit preisgegebenen, romantischen Idee von Dichtung zuwendet.

Trotz dieser vernichtenden Erkenntnis ist keine Spur von Ironie oder Spott, noch von Überlegenheit und Herablassung herauszuhören. Vielmehr ist es Wehmut, die schon zu Beginn des Gedichts in der Frage »was soll es bedeuten, / Daß ich so traurig bin« anklingt und am Ende mit dem zögerlichen »Ich glaube […] / […] das hat mit ihrem Singen / Die Lore-Ley getan« in Betroffenheit umschlägt.

*Melancholie des hadernden Romantikers Heine*

So kann das »wilde Weh« des Schiffers (V. 18) also auch als Melancholie des hadernden Romantikers Heine angesichts der Vergänglichkeit einer Bewegung, der er selbst angehörte, verstanden werden.

## 3.10 Joseph von Eichendorff (1788–1857) *Sehnsucht*

Es schienen so golden die Sterne,
Am Fenster ich einsam stand
Und hörte aus weiter Ferne
Ein Posthorn im stillen Land.
Das Herz mir im Leib entbrennte,
Da hab ich mir heimlich gedacht:
Ach wer da mitreisen könnte
In der prächtigen Sommernacht!

Zwei junge Gesellen gingen
Vorüber am Bergeshang,
Ich hörte im Wandern sie singen
Die stille Gegend entlang:
Von schwindelnden Felsenschlüften,
Wo die Wälder rauschen so sacht,
Von Quellen, die von den Klüften
Sich stürzen in die Waldesnacht.

Sie sangen von Marmorbildern,
Von Gärten, die überm Gestein
In dämmernden Lauben verwildern,
Palästen im Mondenschein,
Wo die Mädchen am Fenster lauschen,
Wann der Lauten Klang erwacht
Und die Brunnen verschlafen rauschen
In der prächtigen Sommernacht. –

**Heinrich Heine (1797–1856)**
***Wahrhaftig***

Wenn der Frühling kommt mit dem Sonnenschein,
Dann knospen und blühen die Blümlein auf;
Wenn der Mond beginnt seinen Strahlenlauf,
Dann schwimmen die Sternlein hintendrein;
Wenn der Sänger zwei süße Äuglein sieht,
Dann quellen ihm Lieder aus tiefem Gemüt; –
Doch Lieder und Sterne und Blümelein,
Und Äuglein und Mondglanz und Sonnenschein,
Wie sehr das Zeug auch gefällt,
So macht's doch noch lang keine Welt.

In der gymnasialen Oberstufe besteht die Aufgabenstellung zur Lyrik zumeist in einem Gedichtvergleich. Im Folgenden soll anhand dieser beiden Gedichte der unterschiedliche Umgang mit den romantischen Motiven untersucht und veranschaulicht werden.

## Gedichtvergleich

Joseph von Eichendorff: *Sehnsucht* (1834)
Heinrich Heine: *Wahrhaftig* (1817–1821)

*Romantisches Idyll*

Das Gedicht *Sehnsucht* von Joseph von Eichendorff bringt verschiedene Facetten des Sehnsuchtsmotivs zum Ausdruck, die zusammen das Bild eines typisch romantischen Idylls ergeben. Dieselben Motive finden sich auch in Heinrich Heines Gedicht *Wahrhaftig* wieder. Jedoch erfahren sie hier am Ende eine gänzlich andere Behandlung, durch welche die Illusion des Romantischen aufgehoben wird.

*Volksliedstrophe*

In einfache Volksliedstrophen gefasst (Dreiheber mit abwechselnd weiblichen und männlichen Kadenzen, Kreuzreim) entwirft Eichendorff eine hochromantische Szenerie, deren Ausgangspunkt der sehnsuchtsvolle Blick des lyrischen Ichs aus dem Fenster ist. Gelockt durch den Klang der Ferne, der durch das »Posthorn« hervorgerufen wird, das in die Eintönigkeit des Alltags, ins »stille Land« hinein erklingt (V. 4), entwickelt das lyrische Ich seinen Sehnsuchtsgedanken.

Projektionsfläche seines Fernwehs sind »zwei junge Gesellen« auf der Wanderschaft (V. 9), die von ihren Reisen in ferne Länder singen. Ihr Lied handelt vom Traum unberührter Natur, dem durch Bilder einer atemberaubenden Landschaft Ausdruck verliehen wird (»schwindelnde Felsenschlüfte, / Wo die Wälder rauschen«, V. 13 f.).

In dieser mythischen Wildnis erheben sich die Überreste vergangener Zeiten, »Marmorbilder« (V. 17) und »Paläste« (V. 20), die im wehmütig blassen Licht der Vergangenheit, »im Mondenschein« (V. 20), noch einmal erstrahlen.

Dieser Bildausschnitt wird schließlich erneut fokussiert, so dass in den Ruinen junge Mädchen erkennbar werden, die, wie eine Art Spiegelbild des lyrischen Ichs, am Fenster in die Ferne lauschen und das Kommen ihrer Liebsten erwarten: »Wo die Mädchen am Fenster lauschen, / Wann der Lauten Klang erwacht« (V. 21 f.).

Die Wiederaufnahme von Vers 8 im Schlussvers – gleich einer Art Refrain – verstärkt nicht nur den Liedcharakter des Gedichts, sondern unterstreicht auch die Reflexion der Ausgangssituation im Lied der Wandergesellen.

*Reflexion der Ausgangssituation*

Durch diese *Spiegelung* ist es außerdem möglich, dass mitten »In der prächtigen Sommernacht« (V. 24) das Gedicht plötzlich abbricht: Die Ausgangssituation kehrt in Gestalt der Mädchen am Fenster wieder, so dass das Motiv der Sehnsucht, ausgehend vom Blick der Mädchen, in einer Fortsetzung des Gedichts wiederholt werden könnte. Der Gedankenstrich am Ende des Gedichts verweist einerseits darauf, lässt aber zugleich Freiraum zum Weiterspinnen des Sehnsuchtsgedankens. Somit wird hier ein beliebig lange währender Prozess angedeutet, in dessen Unendlichkeit Traum und Realität miteinander verschmelzen.

*Weiterspinnen des Sehnsuchtsgedankens ins Unendliche*

Das Motiv der titelgebenden Sehnsucht, das im Bild des

*Metapher für die Romantik*

Fernwehs, der wildromantischen Natur, der wehmütigen Schönheit des Verfallenen und der liebenden Mädchen wiederkehrt, steht als Metapher für die Romantik an sich, der mit diesem Gedicht gehuldigt wird.

Die drei Bedingungssätze der ersten sechs Verse in Heines Gedicht *Wahrhaftig* enthalten ähnliche bildnerische Gestaltungsmittel wie Eichendorffs *Sehnsucht*.

Romantische ›Schlagworte‹ wie »Frühling« (V. 1), »Sonnenschein« (V. 1), »Blümlein« (V. 2), »Mond« (V. 3), »Sternlein« (V. 4), »Sänger« (V. 5), »süße Äuglein« (V. 5), »Lieder« (V. 6), »tiefes Gemüt« (V. 6) werden in den eingängigen Rhythmus des »wenn ... dann« des Konditionalgefüges eingebettet.

Sie werden zu einem flachen Bild der Harmonie zusammengefügt, in dem »Frühling« mit »Sonnenschein« und »Blümlein« assoziiert wird und »Mond« und »Sternlein« untrennbar sind vom »Sänger«, der die Inspiration für seine Lieder in den »süßen Äuglein« seiner Liebsten findet.

Mit einem Gedankenstrich endet diese romantische Bildfolge abrupt; sie könnte an dieser Stelle jedoch auch durch weitere Bedingungssätze beliebig ergänzt und fortgesetzt werden. Stattdessen folgt eine vierzeilige Konklusion, die das gesamte idyllische Konstrukt zum Einsturz bringt.

Schon das ausdrucksstarke »Doch« (V. 7) am Anfang des Verses, welches in Vers 10 wiederholt und durch »noch« verstärkt wird, kündigt die Einschränkung, die Auflehnung gegen das Idyll, an.

Wie ein störender Fleck tritt inmitten des romantischen Bildes das umgangssprachliche Wort »Zeug« (V. 9) auf und stellt den Wert der in V. 1–6 aufgezählten Topoi in Frage.

»Das Zeug«, wie der romantische Bild- und Wortschatz mit einem Mal despektierlich genannt wird, kann die Wirklichkeit nicht gestalten oder beeinflussen: »So macht's doch noch lang keine Welt« (V. 10). Es ist nichts weiter als eine schöne Illusion, ohne Bezug zur Wirklichkeit, es ist »keine Welt«.

Wirft man noch einmal einen Blick auf die vorangehenden Bedingungssätze (V. 1–6), so fallen im Nachhinein einige Besonderheiten auf, die als Misstöne aufgefasst werden können, welche den vernichtenden Schluss des Gedichts schon im Voraus andeuten. So liegt mit dem Reimschema ABBACCAADD zwar eine relativ regelmäßige Abfolge von Paarreimen vor, dennoch wirkt das »auf« als Auslaut in Vers 2 im Vergleich zum »-schein« am Ende von Vers 1 merkwürdig dissonant. Durch rhythmische Unebenheiten hat der Dichter den Volksliedcharakter von vornherein gestört.

*Ironie*

Ferner sind die inhaltliche Banalität der Aussagen und der ironische Unterton, der bei den Diminutiven (Verniedlichungen), »Blümlein« (V. 2), »Sternlein« (V. 4) und »Äuglein« (V. 5) mitschwingt, nicht zu überhören.

*Dekonstruktion des Romantischen*

Berücksichtigt man auch den Titel »Wahrhaftig«, so wirkt dieses Gedicht wie eine Art Abrechnung mit der romantischen Verklärung, die den Blick auf die »Welt« verschleiert. Die klischeehaften Bilder der Romantik sind nicht »wahrhaftig«, denn sie sind der Realität nicht gemäß. Das Gedicht stellt einen Ausruf der Befreiung dar, der zu mehr »Wahrhaftigkeit« auffordert und die Dekonstruktion des Romantischen einleitet.

Was sind nun die Intentionen hinter diesen beiden Gedichten, die sich derselben Motive bedienen, sie aber in so unterschiedlicher Weise verarbeiten?

Eichendorff wählt mit der Überschrift »Sehnsucht« einen Titel, der von Anfang an auf einen romantischen Inhalt einstimmt. Der prosaische Titel »Wahrhaftig« bei Heines Gedicht dagegen lässt den Leser aufhorchen wie die Schlagzeile auf dem Titelblatt einer Zeitung. Tatsächlich erfüllen beide Titel, was sie versprechen: Während das Gedicht *Sehnsucht* eine Hommage an die Romantik darstellt, richtet sich das Gedicht *Wahrhaftig* spitzzüngig und enthüllend gegen die Verklärung des Romantischen.

Auch wenn beide Dichter dieselben Bilder verwenden, werden doch im Umgang mit der Sprache sowie der sprachlichen Zuspitzung ihre unterschiedlichen Intentionen sogleich erkennbar.

Das lyrische Thema, in das Heine einführt, wirkt schon nach wenigen Versen ›falsch‹ und gestellt. Die niedlichen Bilder erwecken den Eindruck der Unernsthaftigkeit, der versteckten Ironie, und verlieren an Glaubwürdigkeit. Die desillusionierende Schlussfolgerung am Ende erfolgt daher keineswegs unvorbereitet.

*Zuspitzung versus offenes Ende*

Während Heine jedoch sein Gedicht zuspitzt und einem – vernichtenden – Schluss zuführt, bleibt Eichendorffs *Sehnsucht* am Ende offen. Gleich einem Nachhall klingen die sehnsuchtsvollen Worte beim Leser nach und hinterlassen den Eindruck von Harmonie und Schönheit. Heine hingegen lässt einen solchen Eindruck gar nicht erst aufkommen. Bevor der Leser sich einer romantischen Illusion hingeben kann, bricht er die Bildfolge ab und zerstört die falsche Idylle sogleich. Er bedient sich der romantischen

Motive, um sie in satirischer Weise bloßzustellen und als hohl zu enthüllen.

Das Gedicht *Wahrhaftig* gehört dem Gedichtzyklus *Junge Leiden* an, der zwischen 1817 und 1821 entstanden ist und in dem sich Heines zunehmende Abkehr von der Romantik schon abzeichnet. Im Allgemeinen gilt Heinrich Heine als derjenige Dichter, der mit seiner ironiebeladenen Dichtung das vorläufige Ende der romantischen Lyrik einläutete.

1834, etwa zehn Jahre nach Heines Abgesang auf die Romantik, verfasst Joseph von Eichendorff mit dem Gedicht *Sehnsucht* eine Hommage an ebendiese Romantik und eröffnet die zweite Phase seines romantischen Schaffens.

## 4. Rezeption der romantischen Lyrik

Es ist eine falsche Vorstellung, dass Literatur in aufeinander abfolgenden, homogenen Epochen entstehe. Richtig ist, dass zu einem Zeitpunkt immer mehrere verschiedene, teils auch widersprüchliche literarische Strömungen wirksam sind. Die Epochen – meistens Einteilungen späterer Generationen – überlappen einander und vereinigen häufig eine große Zahl von Autoren mit ähnlichen, aber auch unterschiedlichen Schaffensmerkmalen.

*Keine homogenen Epochen*

### Klassik und Romantik

Alle jungen Dichter, die später zur Romantik gezählt wurden, haben Goethe und Schiller wegen ihrer poetischen Schöpfungskraft zunächst verehrt und sich an ihnen orientiert, besonders an den Werken der Sturm-und-Drang-Phase. Beide Dichtergenerationen – die Klassiker und die Romantiker – haben ihr Schaffen wechselseitig aufmerksam verfolgt und in Literaturzeitschriften besprochen. Auch wenn sie sich nach und nach voneinander distanzierten, so haben sie sich doch in vielfacher Weise beeinflusst. Goethe ließ sich 1806 beispielsweise von der Gedichtsammlung *Des Knaben Wunderhorn* von Achim von Arnim und Clemens Brentano sehr anregen. Obwohl Goethes Spätwerk immer wieder auch romantische Motive aufweist – beispielsweise in *Faust II* –, hat er sich klar von

*Goethe und Schiller als Vorbilder*

*Goethes Distanzierung*

den Romantikern distanziert. Berühmt ist sein Diktum: »Das Klassische nenne ich das Gesunde und das Romantische das Kranke.«

### 19. Jahrhundert

Während die deutsche Literatur bis zum 18. Jahrhundert von anderen europäischen Literaturen wesentlich beeinflusst wurde, war die deutsche Romantik die erste literarische Strömung, die ihrerseits internationale Aufmerksamkeit erlangte und auf die Literatur Europas einwirkte. Dieser Einfluss ging allerdings viel mehr von der Epik aus – vor allem von den Erzählungen E. T. A. Hoffmanns – als von der Lyrik.

Die Wirkung der romantischen Lyrik lässt in den Dreißigerjahren des 19. Jahrhunderts erheblich nach. Der Rationalismus der Aufklärung ging infolge der industriellen Revolution zunehmend in einen Pragmatismus über, der die humanistischen bzw. religiösen Vorstellungen der Aufklärung, Klassik und Romantik untergrub. Die politisch engagierte Bewegung des Jungen Deutschland und des Vormärz wandte sich eindeutig gegen die Romantik. Heinrich Heine setzt sich in seiner großen literaturgeschichtlichen Schrift *Die romantische Schule* (1833/35) differenziert, aber sehr kritisch mit der Bewegung auseinander, in deren Tradition er in frühen Jahren selbst stand.

*»Junges Deutschland« und »Vormärz«*

Dennoch bleiben romantische Motive auch im späteren 19. Jahrhundert aktiv. Paul Heyse etwa, der erste deutsche Dichter, der den Literatur-Nobelpreis erhielt, besingt in seinem Gedicht *Waldesnacht* in romantischer Weise ein »Fer-

*Gegenströmung des Realismus und Naturalismus*

nes Flötenlied«, von dem sich Brahms 1874 zu einer Vertonung inspirieren ließ. Die Literatur des Realismus und Naturalismus bleiben der Romantik insgesamt aber entgegengesetzt.

## 20. Jahrhundert

*Wiederbelebung der Romantik*

In der Jugendbewegung, der Wandervogelbewegung und der Reformpädagogik zu Beginn des 20. Jahrhunderts wurden viele romantische Ideen wieder belebt, beispielsweise die ganzheitliche Betrachtung des Menschen und das Motiv »Zurück zur Natur«. Der literarische Jugendstil, auch Neuromantik genannt, zeigte eine Vorliebe für Wunderbares, Traumhaftes und Magisches und griff vielfach auf romantische Motive zurück. Die NS-Diktatur hat die Romantik als urdeutsche Kunst vereinnahmt und ideologisch verzerrt.

## Die romantische Lyrik in der Musik

Eine sehr enge Verbindung sind die romantischen Gedichte mit der Musik eingegangen, als Lieder leben viele von ihnen auf der ganzen Welt weiter.

*Das Kunstlied*

Denn in der Romantik wird das sogenannte Kunstlied, das bis dahin fast ein Schattendasein führte, zur wichtigsten Gattung der Vokalmusik. Besonders Franz Schubert (1797–1828), Robert Schumann (1810–1856), Felix Mendelssohn Bartholdy

(1809–1847), Johannes Brahms (1833–1897) und Hugo Wolf (1860–1903) haben eine enorme Zahl vor allem romantischer Gedichte vertont. In kongenialer Weise verschmolzen sie Text und Musik zu sehr eingängigen und damals überaus populären Liedern. Ein Sänger oder eine Sängerin – meist Laien – trugen solche Lieder in bürgerlichen Nachmittags- und Abendgesellschaften mit Klavierbegleitung vor – als Beitrag zur Unterhaltung und zur literarischen Diskussion.

Großen Ruhm und eine anhaltende Wirkung haben die Liederzyklen *Die schöne Müllerin* (1823) und *Die Winterreise* (1827) erlangt, die Franz Schubert auf Gedichte von Wilhelm Müller komponiert hat, ebenso Robert Schumanns Liederzyklen *Die Dichterliebe* auf Gedichte Heines und der *Liederkreis* auf Gedichte Eichendorffs. Heute gehören diese Werke international zum Repertoire aller großen Konzertsänger. Es ist ein ergreifendes Erlebnis, einen solchen Liederzyklus in einem Liederabend einmal »live« zu hören.

*Anhaltender Ruhm der Liederzyklen*

Auch noch am Ende des 19. und zu Beginn des 20. Jahrhunderts sind romantische Gedichte vertont worden, beispielsweise von Richard Strauss (1864–1949), Hans Pfitzner (1869–1949) und Max Reger (1873–1916). Gustav Mahler hat Gedichte aus der Sammlung *Des Knaben Wunderhorn* sowie von Friedrich Rückert vertont, mit einer sinfonischen Orchesterbegleitung versehen und auf diese Weise die Gattung des Orchesterlieds mitbegründet.

*Das Orchesterlied*

Die Chormusik ist eine weitere musikalische Gattung, in der romantische Lyrik vertont wurde: Schumann, Mendelssohn, Brahms und Josef Rheinberger (1837–1901) sind hier die wichtigsten Vertreter. Schumanns *Zigeunerleben* (1840), Mendelssohns *O Täler weit, o Höhen* (1843) auf ein Gedicht von Eichendorff sowie die *Liebeslieder-Walzer* (1868) und die *Zigeunerlieder* (1887/91) von Johannes Brahms werden nach wie vor regelmäßig aufgeführt.

Besonders hervorzuheben ist der schwäbische Komponist und Chorleiter Friedrich Silcher (1789–1860), der eine Vielzahl von Volksliedern und romantischen Gedichten vertont und für Chöre arrangiert hat. Im 19. Jahrhundert wurden Tausende von Gesangvereinen – meist Männergesangvereine – gegründet, die seine Werke populär machten und sie noch heute pflegen. Berühmt sind Silchers Vertonungen von Heines »Loreley« und von Eichendorffs *Das zerbrochene Ringlein*, welches den Titel *Untreue* bekam.

Auch die Comedian Harmonists nahmen dieses Lied in ihr Repertoire auf und spielten es meisterhaft auf Schallplatte ein. Das Schicksal dieser berühmten Berliner Gesangsgruppe in den Jahren 1927–1935 wurde 1997 in einem bemerkenswerten Film von Joseph Vilsmaier aufgegriffen. Sehr eindrücklich ist die Szene, in der das Ensemble, das drei jüdische Mitglieder hatte, von einem NS-Funktionär gedrängt wird, Silchers *Untreue* zu singen, obwohl die Gruppe inzwischen offiziell mit Auftrittsverbot belegt war. Hier wird der Zwiespalt zwischen der romantischen Rückbesinnung auf das Deutsche und ihrer Instrumentalisierung durch die Nationalsozialisten eindrücklich in Szene gesetzt.

*Instrumentalisierung durch das NS-Regime*

## 5. Checkliste

### Fragen zum Inhalt

1. Inwiefern ist die Romantik bis heute aktuell geblieben?
2. Wie werden Harmonie und All-Einheit von den Romantikern erfahren?
3. Was verkörpert die Natur in der Romantik?
4. Schildern Sie eine typisch romantische Szenerie! Welcher geistig-seelische Zustand soll dadurch gefördert werden?
5. Nennen Sie einen Maler der Romantik!
6. Inwiefern ist Novalis' Gedicht *Wenn nicht mehr Zahlen und Figuren* ein »Programm-Gedicht« der Romantik?
7. Wofür stehen Philister und Poet in der Romantik?
8. Nennen Sie wesentliche Merkmale der Volksliedstrophe!
9. Wofür steht die Mühlrad-Symbolik in Eichendorffs Gedicht *Das zerbrochene Ringlein*?
10. Welche interpretationstheoretischen Begriffe lassen sich mit Heines Gedicht *Ich weiß nicht, was soll es bedeuten* in Verbindung bringen?
11. In welchen romantischen Gedichten spielt der Kuss eine Rolle? Erläutern Sie jeweils seine Funktion!
12. Wie heißt der Gedichtzyklus von Wilhelm Müller, zu dem das Gedicht *Der Lindenbaum* gehört? Von wem wurde er vertont? Wie ist der Lindenbaum konnotiert?
13. Wofür steht das Motiv der Wanderung in der romantischen Lyrik?
14. Warum ist das Gedicht *Mondnacht* von Joseph von Eichendorff so bedeutend für die Romantik?

15. Welche Bedeutung kommt Heinrich Heine in der Epoche der Romantik zu?
16. Wie beeinflusste die Romantik die nachfolgenden Epochen?

### Fragen zum methodischen Vorgehen

17. Welche Verfahren zur Texterschließung gibt es?
18. Welche Schritte gehören zu einer Wortfeldanalyse?
19. Was ist eine Textanalyse? Wozu dient sie?
20. Was ist der Unterschied zwischen Analysieren und Interpretieren?
21. Letzte Frage: Warum darf man nicht alles »einfach so« nehmen, wie man es liest?

Safranski, Rüdiger: Romantik. Eine deutsche Affäre. München 2007.

Xu, Pei: Frauenbilder der Romantik. Düsseldorf 1997.

### Theorie der Romantik

Uerlings, Herbert (Hrsg.): Theorie der Romantik. Stuttgart 2005.

### Hörbücher

Eichendorff, Freiherr von: Gedichte. 45 Gedichte gesprochen von Peter Lühr. Deutsche Grammophon Literatur, Universal Music, 2004.

Eichendorff, Joseph Freiherr von: Triffst du nur das Zauberwort. Gedichte gesprochen von Julia Nachtmann, Gerd Baltus und Peter Wolf. Jumbo Neue Medien, 2007.

Hausschatz deutscher Dichtung. Gedichte & Balladen mit Musik aus zwei Jahrhunderten. Audiobuch Verlag, 2006.

### CD mit Vertonungen romantischer Gedichte

Schubert, Franz: Die Schöne Müllerin. Ernst Haefliger (Tenor), Jörg Ewald Dähler (Klavier). Claves, 1996.

Schubert, Franz: Die Winterreise. Dietrich Fischer-Dieskau (Bariton), Gerald Moore (Klavier). Deutsche Grammophon, 1985.

Schumann, Robert: Dichterliebe. Fritz Wunderlich (Tenor), Hubert Giesen (Klavier). Deutsche Grammophon, 1997.

Schumann, Robert: Liederkreis op. 39. Peter Schreier (Tenor), András Schiff (Klavier). Orfeo, 2005.

Comedian Harmonists: Originalmusik aus dem Film »Comedian Harmonists«. EMI, 1997.

## 6. Lektüretipps


### Textausgaben

Bode, Dietrich (Hrsg.): Fünfzig Gedichte der Romantik. Stuttgart: Reclam, 2001.

Conrady, Karl Otto: Gedichte der deutschen Romantik. Düsseldorf: Albatros, 2008.

Frühwald, Wolfgang (Hrsg.): Gedichte der Romantik. Stuttgart: Reclam, 1999.

Große, Wilhelm (Hrsg.): Gedichte der Romantik (Arbeitstexte für den Unterricht). Stuttgart: Reclam, 2005.

### Interpretation romantischer Gedichte

Binneberg, Kurt: Deutsche Lyrik von der Klassik bis zur Romantik (Interpretationshilfen). Stuttgart [3]1999.

– Lyrik der Romantik (Lektürehilfen). Stuttgart 1998.

Hotz, Karl (Hrsg.): Gedichte aus sieben Jahrhunderten. Interpretationen. Bamberg [4]1998.

Müller, Hartmut: Training Gedichtinterpretation, Sekundarstufe II. Stuttgart [8]2001.

Segebrecht, Wulf (Hrsg.): Klassik und Romantik (Gedichte und Interpretationen, Band 3). Stuttgart 2004.

### Literaturgeschichte der Romantik

Kremer, Detlef: Romantik (Lehrbuch Germanistik). Stuttgart 2007.

Neubauer, Martin: Romantik (Literaturwissen für Schüler). Stuttgart 2007.